Musik-Konzepte Sonderband John Cage

Editorial	3
Heinz-Klaus Metzger, **John Cage oder Die freigelassene Musik**	5
Hans G Helms, **John Cage**	18
John Cage, **Gedanken eines progressiven Musikers über die beschädigte Gesellschaft**	19
Daniel Charles, **La paume (de) la dent** Aufzeichnungen über Cage und das Vergessen	41
Dieter Schnebel, **»Wie ich das schaffe?«** Die Verwirklichung von Cages Werk	51
John Cage, **Rede an ein Orchester** – Michael Nyman, **Annotationen**	56
Christian Wolff, **Brief an Heinz-Klaus Metzger**	63
Bildteil: Auswahl aus pikturalen und musikalischen Werken Cages 1978–1938	65
Rainer Riehn, **Noten zu Cage**	97
Hans Rudolf Zeller, **Medienkomposition nach Cage**	107
Clytus Gottwald, **John Cage und Marcel Duchamp**	132
Heinz-Klaus Metzger, **Anarchie durch Negation der Zeit oder Probe einer Lektion wider die Moral** Hebel – Adorno – Cage (Variations I)	147
Einige Lebensdaten John Cages	155

MUSIK-KONZEPTE
Die Reihe über Komponisten
Herausgegeben von Heinz-Klaus Metzger und Rainer Riehn
Sonderband
John Cage I
April 1990
Zweite, veränderte Auflage
ISSN 0931-3311
ISBN 3-88377-296-8
Umschlagfoto: James Klosty
Die Wiedergabe der Beispiele musikalischer Notationen Cages erfolgt mit freundlicher Genehmigung der C. F. Peters Corp., New York – London – Frankfurt/M.
Cages pikturales Œuvre wird durch EYEEditions, Cincinnati, Ohio, vertreten.

Die Reihe MUSIK-KONZEPTE erscheint mit vier Nummern im Jahr.
Die Kündigung des Abonnements ist bis zum Oktober eines jeden Jahres für den folgenden Jahrgang möglich.
Zu beziehen durch jede Buch- und Musikalienhandlung oder über den Verlag.
Umschlag-Entwurf: Dieter Vollendorf, München
Herstellerische Betreuung: Hans Pribil, München
Druck und Buchbinder: Bosch-Druck, Landshut
Copyright by edition text + kritik GmbH
Postfach 80 05 29, 81605 München

Unveränderter Nachdruck Januar 1995

Dieser Band — Theorie, Kritik, Information, Illustration — bildete in seiner im April 1978 erschienenen ersten Auflage den gedruckten Teil einer Initiative, deren anderer Teil ein gezeigter und gespielter — auch gesprochener, gesungener — war: Ausstellungen und Konzerte als praktische Demonstration des sicht- und hörbaren Werkes von John Cage.

Das damals von Dr. Karl Richter geleitete Sekretariat für gemeinsame Kulturarbeit in Wuppertal, das es sich zur Aufgabe gesetzt hat, durch Entwicklung neuer Modelle interkommunaler Kooperation in Nordrhein-Westfalen die Verwirklichung von Projekten zu ermöglichen, die ohne öffentliche Unterstützung im Stande des Konzepts oder des schieren Wunsches verbleiben müßten, versetzte vermöge der Bereitstellung von Zuschüssen der nordrhein-westfälischen Landesregierung die folgenden Veranstalter in die Lage, eine Ausstellung pikturaler und musikalischer Arbeiten Cages, dazu ein Konzert des Ensembles Musica Negativa, das einige der Exponate in Aufführungen umsetzte, durchzuführen:

Kölnischer Kunstverein
Museum am Ostwall, Dortmund
Museum Bochum
Städtisches Museum, Mönchengladbach
Folkwang Museum Essen

Außerhalb Nordrhein-Westfalens wurden Ausstellung und Konzertprogramm übernommen von:

Heidelberger Kunstverein
Abendakademie Mannheim

Im Zusammenhang mit einer Veranstaltung über musikalische »Concept Art« in Kooperation mit dem Hessischen Rundfunk übernahm ferner das

Städelsche Kunstinstitut, Frankfurt am Main

die Ausstellung; das dortige Konzert des Ensembles Musica Negativa bot dem Veranstaltungsthema entsprechend ein anderes, nicht auf Cage allein abgestelltes, Programm.

Dem vorliegenden Band, der an sich freilich keines rechtfertigenden Anlasses bedurfte, war eine Funktion bei dieser Ausstellungs- und Konzerttournée zugedacht, die gewissermaßen auch der eines Kataloges gleichkam oder sie vertrat.

Dem Carl Hanser Verlag, München, verdankten wir die freundliche Genehmigung, Metzgers »John Cage oder Die freigelassene Musik« aus dem Band »Musik auf der Flucht vor sich selbst«, hrsg. von Ulrich Dibelius, 1969, nachzudrucken; da mit diesem bereits 1958 geschriebenen und zuerst italienisch (in »Incontri Musicali« Nr. 3, Mailand 1959) erschienenen Aufsatz einst die europäische Cage-Diskussion in Gang gesetzt wurde, wollten wir hier nicht auf ihn verzichten, obschon er in manchen Punkten nicht mehr mit der aktuellen Auffassung des Autors übereinstimmt. Die geschichtliche Akzeleration, der auch die Musik und das Denken über sie unterliegen, machte sich schon damals in derart verkürzten Zeitintervallen bemerkbar, daß selbst Michael Nyman, der Verfasser der »Annotationen« zu Cages »Rede an ein Orchester«, uns schrieb: »I had intended to revise the footnotes and extend them — since I could have developed some of the ideas after a couple of years... Could you, therefore, indicate that it was originally written in July/August '76...«...

Nyman hatte Cages Rede in »Studio International«, London Sept./Okt. 1976, unautorisiert abgedruckt. Cage stellte uns die deutsche Veröffentlichung anheim.

Das Interview Helms/Cage erschien zuerst in »Protokolle — Wiener Halbjahresschrift für Literatur, bildende Kunst und Musik«, 1974, Bd. 1.

Dem Musikverlag C. F. Peters, New York — London — Frankfurt am Main, hatten wir für die Bereitstellung der Notenmaterialien zu Abbildungs- und Ausstellungszwecken zu danken.

Die Neuauflage des lange vergriffen gewesenen Bandes, die nun gleichzeitig mit einem zweiten Sonderband der »Musik-Konzepte« über Cage erscheint, widmen wir in dankbarem Rückblick Herrn Dr. Wulf Herzogenrath, seinerzeit Direktor des Kölnischen Kunstvereins, der im Frühjahr 1978 praktisch die Koordinationsarbeit für die gesamte Tournée übernommen hatte, die ohne seinen organisatorischen Einsatz auf der Strecke geblieben wäre.

H.-K. M.
R. R.

Heinz-Klaus Metzger

John Cage
oder Die freigelassene Musik

Histoire oblige.
John Cage

Gegen die ersten radikalen Werke Neuer Musik, vor dem Vierzehnerkrieg und nach ihm noch, hat der Unverstand mitunter Vorwürfe formuliert, die darauf hinausliefen, es könnten in solcher Musik die Töne beliebig zusammenkommen, wie es gerade sich füge oder exzentrischer Willkür beifalle; zu distinguieren vermöge innerhalb derartiger Kakophonie ohnedies niemand mehr, was etwa richtig oder falsch sei, ja ob die Musiker im Ensemble wohl gar überhaupt nach einem Ordo zusammenspielen oder nicht vielmehr jeder auf eigene Faust etwas mehr oder minder der Kontrolle sich Entziehendes verrichte. In diesen Zusammenhang gehören auch die bisweilen heute noch kolportierten Anekdoten aus den zwanziger Jahren, denen zufolge dieser oder jener berühmte Neutöner bei einer Orchesterprobe zu einem seiner Werke nicht sollte bemerkt haben, daß der zweite Klarinettist durchweg eine falsche Transposition geblasen oder die dritte Posaune eine Stelle in einem falschen Schlüssel gelesen habe; mit Vorliebe kamen dergleichen Informationen aus den Kreisen der Orchestermusiker, denen freilich Delikte dieses Schlages geläufig sein mögen. Kaum hat es eine so ununterrichtete, selbst den flüchtigsten Blick in die Partitur und die bescheidenste Hörerfahrung ausschließende Argumentation wider die legitimsten Konsequenzen des Komponierens in dessen gesamter Geschichte gegeben. Immerhin aber scheint solcher Meinung der Charakter einer öffentlichen Situation mächtig genug zugekommen zu sein, um den ernsthafteren theoretischen Befassungen mit Neuer Musik gewissermaßen den Kontrapunkt dazu vorzuschreiben: ob es um technische Analysen oder aesthetische Kommentare sich handelte, gern flossen sie, namentlich wo das Bemühen apologetisch ansetzte oder gar auslief, in der Tendenz zusammen, die des Chaos geziehene Neue Musik als die gleichsam höher organisierte zu erweisen, als die diffiziler artikulierte – oft übrigens auch als ob dies unmittelbar dasselbe wäre –, kurz als die verbindlichere. Das war sachlich nicht eben falsch und blieb zugleich wie ein störrischer Esel bei einer rhetorischen Frage aus Schillers Traktat über den Grund des Vergnügens an tragischen Gegenständen stehen: »Sieht nicht oft genug der gemeine Haufe da die häßlichste Verwirrung, wo der denkende Geist gerade die höchste Ordnung bewundert?« Damit brachte die Musiktheorie ihrer virtuellen Funktion nach sich auf eine Art Saalschutz der Musik gegens pfeifende Publikum herunter[1] und um die Einsicht in einige der relevantesten Aspekte historischen Avancements in der artistischen Disziplin: jene nämlich, welche sich in den verschiedensten technischen Zusammenhängen auf die Kategorie der Freiheit beziehen, die der Neuen Musik doch von Anbeginn jedenfalls als gemeinte auf die Fahne geschrieben stand. Davon haben die Reaktionäre in ihrem Schrecken mehr verstanden als die Fortschrittlichen, die an ihre konstruktiven Vorstellungen von höherer Ordnung sich klammerten, und es bedurfte aller Unbesonnenheit einer Dialektik, die der Verdummung widerstand, um 1940 oder 1941 zu erkennen: »Die Möglichkeit von Musik selber ist ungewiß geworden. Nicht, daß sie dekadent, individualistisch oder asozial wäre, wie die Reaktion ihr vorwirft, gefährdet sie. Sie ist es nur zu wenig.«[2]

Was der Neuen Musik aber von Anbeginn wesentlich zu Unrecht an Anarchie vorgeworfen ward, hat in der Tat erst John Cage eingelöst. Dies erklärt die Wut, welche seine Musik auf sich zieht; die während Dezennien als öffentliche Advokaten der Neuen Musik sich exponierten und gutwillig die innere Konsistenz gerade der aufgelöstesten Partituren nachwiesen, finden vor dem Phänomen Cage endgültig sich déroutiert. Zu seinem Konzert für Klavier und Orchester (1957/58), gibt es keine Partitur, sondern einzig separate Stimmen, die zueinander in keinerlei Beziehung stehen; aber auch ihre interne Anlage, die kompositorisch wesentlich aus Zufallsoperationen gewonnen ward und dem Interpreten wiederum weitgehend Versuchsanordnung für Aktionen bedeutet, hat an der strikten Vermeidung von Zusammenhängen, von Beziehungen zwischen den Elementen, ihr eigentliches Konstituens. Dem Umfang wie der potentiellen Dichte der Ereignisse nach am entfaltesten ist der Klavierpart; er steht auf dreiundsechzig losen Blättern verzeichnet, darauf gelegentlich – durch Koïnzidenzen des Verfahrens – so viele Abläufe simultan einander überlagern wie einst nur in Orchesterpartituren der verwegensten Komplexität. Bei der Aufführung kann der Pianist in beliebiger Reihenfolge nach seinem Belieben ganz oder teilweise – wo die manuellen Möglichkeiten hinter der Anzahl der gleichzeitigen Schichten des Parts zurückbleiben und er es verschmäht, durch hineingespielte Tonbandaufnahmen zu ergänzen, was er am Instrument mit zwei Händen, Füßen und Mund nicht auf einen Schlag bewältigt – vortragen. Verwandt hat Cage dabei insgesamt vierundachtzig verschiedene Notations-

---

[1] Bisweilen buchstäblich. Vor einem Konzert Cages ersuchte mich der Veranstalter, dem Publikum die technischen Gründe der Verwendung des gesamten Klaviers, also nicht nur der Tastatur, und gewisser Hilfsmittel zu erläutern, die des öfteren Heiterkeit erregen, da sie eher in den Händen und Mündern von Kindern vertraut sind. Meine Darlegung, daß es sich um die Darstellung einer Klangfarbenskala handle, die diesseits des »normalen« Klaviertons mit sinustonnahen Pfeifen beginne, dann über die Anschläge auf der Tastatur, die Pizzicati und Sordinierungen der Saite mit dem Finger, die Geräusche innerhalb und außerhalb des Klaviergehäuses bis zu jenen komplexen Phänomenen erstrecke, die durch Radioapparate und andere Geräte hervorgebracht werden, befriedete das Publikum derart, daß es an diesem Konzert kaum selber an der Skala mitwirkte. Cage hatte sich geweigert, dem Publikum eine solche Erläuterung zu bieten, und stellte stattdessen dem Veranstalter einen provokativen Text zur Verfügung.

[2] Theodor W. Adorno, Philosophie der Neuen Musik, Tübingen 1949, S. 74.

systeme; diese aber sind unmittelbar die Kompositionstechniken, indem Cage das Komponieren nicht etwa als Kodifikation musikalischer Vorstellungen, sondern als das Verfahren des Schreibens, nahezu als die Methodik von dessen physischem Akt definiert. Einige dieser vierundachtzig Techniken sind, für sich genommen, die anderer Werke Cages. So die relativ simple der »Music for piano« (1952/53): es ward mit Münzen ausgewürfelt, wieviele Noten auf einer Seite stehen sollten, während zufällige Unebenheiten auf dem Papier dem Komponisten die möglichen Plätze ihrer Niederschrift markierten; dann erst wurden die Fünfliniensysteme für Töne und die Einliniensysteme für Geräusche darübergezogen, um abzulesen, wohinein die Noten jeweils fielen. Mit welchem Vorzeichen aber und in welchem Schlüssel jede von ihnen zu lesen, auch wie sie technisch hervorzubringen sei, wurde zum Schluß abermals durch Münzenwerfen ermittelt; dem Interpreten freigestellt blieben Dauer, Intensität und innerhalb weiter Grenzen die Klangfarbe, da von den drei definierten spieltechnischen Kategorien: dem Anschlag auf der Tastatur, dem Pizzicato und dem Abdämpfen der Saite mit dem Finger, die letzte, in sich bereits der Nuancierung fähiger noch als selbst die zweite, stets mit einer der beiden anderen kombiniert werden muß, soll die Aktion akustisch wahrnehmbar werden. In der Nähe solcher kompositorischen Prinzipien hält sich auch das Verfahren der »Winter Music« (1957), das vieltönige Aggregate auf der Tastatur zeitigt, die infolge der Ambiguität der Schlüssel verschieden gelesen werden können; eine andere Notation führt in solche Aggregate Zeittendenzen ein, gleichsam unterschiedliche Arpeggierungen.

Bisweilen hat Cages wuchernde bildnerische Phantasie bizarre Linienverzweigungen aufs Papier gezeichnet, etwa Baumstrukturen gleich, und die ausgezeichneten Punkte der Verästelungen als Noten erwählt, die dann auf darübergezogenen Fünfliniensystemen lesbar wurden. Zeichnungen begegnen, die an Gräser in Wasser gemahnen; über sie sind zum Teil geometrische Schaukästen, wie Aquarien, gelegt, in denen blasenartig die Noten an den Halmen in die Höhe steigen. Daß Cage von Métier auch der Malerei nachgegangen ist, hallt bestimmend in seiner Schrift, die sein Komponieren ist, nach. Nicht verläuft in den Notationen die Zeit stets einsinnig von links nach rechts, obschon das Ganze so niedergeschrieben ist: manches krümmt sich wieder zurück, möchte in der Suggestion des Bildes gleichsam Zeit selber reversibel machen. Auf geschlossene Perimeter, deren abenteuerliche Formen da und dort an die Grenzen eines Landes im Atlas gemahnen, sind rings Noten aufgereiht, und der Interpret soll das gleichzeitig im Uhrzeigersinn und im Gegensinn des Uhrzeigers spielen; oder es sind die Noten auf große Räder, mit Speichen, aufgetragen, die sich drehen wollen. Linienlabyrinthe auch gibt es, mit Noten an den Kreuzwegen, Knäuel, mit Noten an den Verknotungen; da kann der Interpret in jeder beliebigen Richtung, auch rückwärts, Wege finden. Solche Suspension der Zeit, von keiner musikalischen

Vorstellung je einzuholen, geschweige von der nach der Stoppuhr verlaufenden Aufführung, ist musikalische Utopie aus der Konsequenz der sich – ohne Schielen auf akustische Ergebnisse, die sie bezeichnen könnte – rein entfaltenden Schrift. Stattdessen im Vertrauen auf die akustische Vorstellungskraft, auf die Imagination des Gebildes, komponieren, wie es die Dignität der großen Komponisten wohl bis zu Boulez und Stockhausen, ganz gewiß bis zu Schönberg ausmachte und dabei selten sich etwas von dem träumen ließ, was unter der herrschenden Weltverfassung doch allein in Notationen, auf dem Papier, aufblitzen kann, hieße in dem Aberglauben befangen bleiben, Aufführung vermöge das Geschriebene zu kommunizieren, den Cage, kaum nur aus solipsistischer Stimmung, so gründlich durchschaut hat. Schriftzeichen möchten noch klanglichen Intentionen zur wie immer unbeholfenen Mitteilung taugen, als verbindliche Konventionen einigermaßen fraglos verbürgten, wie sie als Symbole zu interpretieren seien, obschon etwa der musikwissenschaftlichen Behauptung, dergleichen sei fürs siebzehnte Jahrhundert nachgewiesen, Mißtrauen gebührt angesichts des Ausmaßes, in dem gerade die Historiker Bach interpretativ verfehlen konnten. Jedenfalls aber ist Kolischs Theorie und Praxis der Aufführung als Realisation musikalischen Sinns, die von minuziösen Analysen der Partituren als von ihrer Voraussetzung ausgeht und deren Erkenntnisse dann in spieltechnische Korrelate zu übersetzen trachtet, bereits extremer Ausdruck der schier prohibitiven Schwierigkeit, die es heute damit auf sich hat.

Wenn demgegenüber Cage das Komponieren mehr als bloße Bearbeitung des Papiers mit Tusche auffaßt, so darf man dahinter als bestimmenden Impuls aber vielleicht die Rebellion gegen Musik als realen Zeitverlauf vermuten, objektiv die tiefe Ahnung, daß »historisch ... der Zeitbegriff selber auf Grund der Eigentumsordnung gebildet«[3] ist, nämlich an der Erfahrung der Priorität, des schon Besetztseins von Objekten: alle musikalische Form ist nichts anderes als Abhandlung von Prioritätsverhältnissen in der Zeit. Darauf führt im Klavierpart von Cages Konzert eine Notation, welche die Reihenfolge der Schallereignisse, ihre Sequenz, listig anerkennt, um ihr daraus ein Schnippchen zu schlagen. Der Komponist hat ein kleines Rechteck aufs Papier gezeichnet und unregelmäßig eine Anzahl Punkte darübergestreut, die der Spieler in ebensoviele Schallereignisse umsetzen soll; zu deren näherer Bestimmung dienen ihm fünf gerade Linien, die in verschiedenen Winkeln das Rechteck durchschneiden und je mit einem Kennbuchstaben versehen sind, der den fünf Kategorien Frequenz, Dauer, Intensität, Timbre und Sequenz sie zuordnet. Indem der Interpret nun unter Voraussetzung welcher Skalen auch immer die Distanz jedes Punktes zu den fünf Linien ausmißt, mag er ermitteln, welches Ereignis etwa das höchste, das längste, das lauteste, das spektral komplexeste, aber auch welches das erste ist.

[3] Adorno, Minima Moralia, Reflexionen aus dem beschädigten Leben, Frankfurt a. M. 1951, S. 140.

Zu den klassischen Parametern des Klangphänomens, wie sie von der seriellen Musik definiert wurden, tritt hier als weiterer also die Stellung in der Reihenfolge, insofern jedenfalls, als diese in der Tat als ein Parameter des je einzelnen Ereignisses, gleich seiner Höhe oder Klangfarbe, behandelt wird. Durch solche Mimesis will Musik den Bann von Priorität brechen. Ein Mythos wird außer Kraft gesetzt. Koenigs Kritik, die Einreihung von Sequenz unter die Parameterbestimmungen sei ein Mißverständnis, geht daran vorbei, daß solche kompositorische Leistung als Schreibweise sich versteht. Weiter noch geht im Versuch der Zueignung der Zeitordnung ans einzelne Element eine aus demselben Prinzip entwickelte Notation, jedoch mit kleinen, mittleren und großen Punkten, respektive für einstimmige Ereignisse, zweistimmige Intervalle und vieltönige Aggregate: da jede Komponente der zusammengesetzten Phänomene durch eine eigene Messung ermittelt werden muß, sind die Bedeutung der fünf Linien als nach jeder Meßoperation auswechselbar definiert, um für denselben Punkt mehrere Bestimmungen erhalten zu können. In völliger Radikalisierung hat dies Verfahren die »Variations I« (1958) gezeigt, eines der zahlreichen Werke Cages für eine beliebige Anzahl von Klavieren oder anderen Schallquellen: nur die verschieden großen Punkte stehen noch auf dem jetzt quadratischen Papierstückchen, die fünf Linien aber sind in stets verschiedener Konstellation auf mehrere Quadrate gleichen Formats aus durchsichtigem Kunststoff aufgetragen, deren jedes in verschiedenen Positionen über die Punkte gelegt werden kann. Im übrigen ist die Beschreibung der vierundachtzig im Solopart des Klavierkonzerts verwandten Schriftsysteme keine Aufgabe musikwissenschaftlicher Notationsforschung, da Cages Vorwort sie erklärt und sie selber die authentischen Illustrationen dazu sind. Es begegnen unter ihnen auch Diagramme, die ans Prinzip bestimmter Partituren elektronischer Musik gemahnen, verschiedenartige numerische und geometrische Darstellungen; an einer Stelle ward eine Geographie des Konzertflügels gezeichnet, um die pianistischen Aktionen durch Lokalisierung zu definieren, an einer anderen findet das Verfahren von Cages elektronischem Werk »Fontana Mix« (1958) fast buchstäblich sich antizipiert.

Die verschiedenen Orchesterstimmen jedoch, darunter eine Vokalpartie[4], gehen über zwölf, vierzehn oder sechzehn Seiten nicht hinaus, von denen auch die Ensemblemusiker, gleich dem Pianisten, eine ihrer Entscheidung überlassene Anzahl in beliebiger Zeit in Aktionen, die auf klingende Phänomene zielen, übersetzen mögen. Stets kann für jede Stimme dabei auch die Anzahl null gewählt werden: daß Stimmen weg-

---

[4] Cages Revolution der Gesangstechnik ist vollkommen. Zunächst durchschaut er das lediglich konventionelle Wesen der sogenannten »natürlichen Stimmumfänge«. Schreitet man über sie hinaus, so resultiert einzig ein Wechsel der Klangfarbe, den die traditionelle Musik wohl nicht dulden konnte, während er der heutigen durchaus günstig ist. Cage denkt über den »bel canto« wie Kolisch über den »schönen Ton« der Streicher. In Wahrheit sind die verschiedensten »Singarten« möglich, übrigens auch durch Inspiration, nicht allein durch Expiration.

fallen können, gegebenenfalls ihrer alle, so daß die Nichtaufführung als eine der möglichen Interpretationen des Werks sich darstellt, ist ausdrücklich eine Bestimmung von dessen Konzeption, wie denn umgekehrt jede Stimme als Solostück spielbar ist, mit anderen zu kleineren oder größeren kammermusikalischen Kombinationen, schließlich – fehlt das Klavier – zur Symphonie sich zusammenfinden kann. Vereinbaren die Musiker bei Ensembleaufführungen eine Aufführungsdauer, so ist es für die einzelnen Mitwirkenden ratsam, das Material, das sie spielen wollen, entsprechend einzuteilen, also einen Zeitplan auszuarbeiten, den sie mit Hilfe von Stoppuhren zu kontrollieren vermögen. Tritt ein Dirigent hinzu, so fungiert dieser als Uhr, er dirigiert nicht, sondern gibt die Zeit an: die Kreisbewegungen seiner Arme sind von den Musikern als rotierender Sekundenzeiger zu lesen. Nicht folgt er dabei einer Partitur, sondern einer besonderen Stimme, der Dirigentenstimme; sie enthält nichts als Abweichungen der Dirigierzeit von der Uhrzeit: der Dirigent ist eine unregelmäßig gehende Uhr.

Leicht sind daran die entscheidenden, von Cage polemisch preisgegebenen Aspekte des abendländischen Kunstwerks zu bezeichnen. Daß die Aufführung des Cageschen Werks ein Vorgang ist, den wesentlich Zufälle konstituieren, die strikt solche der Aufführung sind und auf nichts Notiertes daher auch nur schlüssig zu beziehen wären, daß die Notationen selber, die dergestalt durch die Aufführung keineswegs in eine ihnen etwa entsprechende sinnliche Erscheinung, in die Kommunikation des von ihnen Bedeuteten, verwandelt werden, schon Ergebnisse von Zufallsoperationen in der Technik des bloßen Schreibens und nicht durchaus Prägungen des komponierenden Subjekts sind, schlägt jedem europäisch tradierten Begriff von Kunst ins Gesicht. Dieser will, daß der Künstler sein Gebilde genau bestimme, bis ins letzte es als einen Sinnzusammenhang artikuliere, dessen Verbindlichkeit gerade daran sich mißt, daß nichts in ihm anders sein könnte, als es ist, daß von jedem Element die präzise Funktion, die es im Ganzen erfüllt, sich begreifen läßt. Unvereinbar mit solchem Begriff ist, daß Noten etwa durch undurchsichtige Zufälle gerade dorthin, wo sie stehen, gefallen seien, daß der Ausführende sie an der Stelle, wohin sie ihm ebenso zufällig fielen, gerade in diese von ihm, Gott weiß warum, beschlossene Aktion umsetze. In Cage trägt endlich auch für die Musik die vollkommene Explosion des abendländischen Kunstwerks sich zu. Zutiefst läßt er damit aber eine uralte Katze aus dem Sack: daß es mit der Notwendigkeit in der inneren Komplexion des Kunstwerks insgeheim nie stimmte, daß es gerade deshalb so emphatisch deren Anspruch erheben mußte, der weit eher als die Notwendigkeit selber den traditionellen Werken bis in die letzten Détails eingebildet ist. Ihn durchschaut Cage als Ideologie: das Chaos des Klavierkonzerts ist nichts anderes als das zur rechten Zeit kühn freigelegte Gewimmel unter dem Stein musikalischer Organisation, komplexer als jedes denkbare Verfahren, es zu organisieren.

Cages Absage an Organisation ist jedoch keine Kapitulation der kompositorischen Vernunft, keine Abdikation des kompositorischen Subjekts; au contraire, dieses manifestiert sich allenthalben in einer Weise, welche geradezu die vergessene Kategorie der Originalität in ein neues Recht setzt. Es wirkt, banal genug, ein Wirf weg, damit du gewinnst. Handgreiflich, fast zu handgreiflich, sind Cages letzte Werke gesellschaftliche Entwürfe. Bis heute haben die Musiker, auch die an der Darstellung von Kammermusik gebildeten, eigentlich nur das Gesetz der Zwangsarbeit, wie die kodifizierten Notentexte sie ihnen spezifisch vorgaben, und den Stock des Dirigenten gekannt, der unsichtbar, virtuell, noch über den Quartetten und Quintetten waltet. Cage hat die Musiker in Freiheit gesetzt, läßt sie in seinem Werk tun und lassen, was sie wollen, schenkt ihnen – ohne daß ihm dies übrigens bei Aufführungen stets gedankt worden wäre – die Würde von autonomen musikalischen Subjekten: selbständig zu agieren und den Sinn ihrer Aufgabe zu erkennen, so wie in einer emanzipierten Gesellschaft einmal jeder sein Werk ohne Zwang wird vollbringen dürfen, einzig unterm Zifferblatt der Uhr, zum Zeichen dessen, daß es auch dabei noch Morgen und Abend werde. Angesichts gesellschaftlicher Praxis freilich bleibt musikalische Praxis Theorie. Die Idee der Freiheit wird als Theaterstück vorgespielt – draußen gälte es unterdessen den Dirigenten umzubringen und die Partitur zu zerreißen, nach der die Welt sich aufführt, dies kodifizierte Verhältnis der Stimmen ihres Kontrapunkts, durch den hindurch die Maschinerie der Herrschaft sich reproduziert. Problematisch ist es stets um den »gesellschaftlichen Gehalt« von Musik bestellt. »Die traditionelle Musik hatte mit der Verselbständigung ihrer Aufgaben und Techniken vom gesellschaftlichen Grund sich abgelöst und war ›autonom‹ geworden. Daß ihre autonome Entwicklung die gesellschaftliche reflektiert, war nie an ihr so einfach und zweifelsfrei zu entnehmen, wie etwa an der des Romans. Nicht bloß fehlt der Musik als solcher der eindeutig gegenständliche Inhalt, sondern je reiner sie ihre Formgesetze ausbildet und ihnen sich überläßt, um so mehr dichtet sie zunächst gegen die manifeste Darstellung der Gesellschaft sich ab, in der sie ihre Enklave hat.«[5] Nur in jenen Formgesetzen selber, wie das Gebilde je sie auskristallisierte, in dessen technischen Konfigurationen, war der gesellschaftliche Gehalt zu greifen, ließ insbesondere sich bezeichnen, wie Kunst gegen das Prinzip von Herrschaft sich kehrte, deren Stigmata sie doch bis ins Innerste selber wiederum reproduzieren mußte. Demgegenüber ist politisch »engagierte« Musik kaum je gelungen; ausdrücken konnte sie allemal ihr Engagement bloß durch eine ihr auswendige Textwahl, als vokale oder Theatermusik, wo nicht etwa die Angleichung ihrer immanenten Komplexion an die verdummenden aesthetischen Parolen der nach dem Führerprinzip organisierten Massenbewegungen von einer reaktionären Identifikation

---

[5] Philosophie der Neuen Musik, S. 86.

auch musikalisch zeugte. Selten sind engagierte Vokalwerke geraten wie Schönbergs »Überlebender aus Warschau« (1947) oder Nonos »Canto sospeso« (1955/56), darin die Musik ihrem eigenen Sinn nach den in den Worten gelegenen politischen Appell nicht désavouïert, sondern seine Gewalt ihm eigentlich erst verleiht. Die Texte freilich sind nicht umsonst strikt solche des Leidens, nicht des kommandierten Aufbaus. Cages Desorganisation des musikalischen Zusammenhangs wie des ausführenden Ensembles, das keinen mehr darzustellen hat, ließe demnach aber als ein Versuch sich begreifen, durchs spektakuläre Element solcher Auflösung deren immanent musikalischen Sinn mit der Drastik des politischen Appells in eins zu setzen.

Mit der Desorganisation aber kehren die musikalischen Impulse sich um. Was als Musik einst begriffen ward, bricht auseinander. »Sie brauchen es nicht für Musik zu halten, wenn dieser Ausdruck sie choquiert«, sagte Cage in einem Vortrag. Musikalische Organisation ist nach dem heutigen Stand aber wesentlich die der divergenten Parameter des klingenden Phänomens durch Serialisation. Sie geht auf Schönberg zurück, dem zugleich vorgeworfen wird, seine konstruktive Anstrengung seit der Formulierung der sogenannten Zwölftonreihe, die in der Tat keine von zwölf Tönen, sondern bloß eine von zwölf Tonhöhen ist, zu ausschließlich eben auf den Parameter der Frequenz konzentriert zu haben; überdies ist evident, daß Schönberg diese Reihe als Vehikel zur Totalisierung der thematischen Arbeit verstand: noch die letzte Accompagnementsfigur sollte als thematisch ausgewiesen werden, im äußersten Gegensatz zu Webern, dem die Zwölftonreihe, freilich fast stets schon aus dazu überaus geeigneten Intervallkonstellationen gebildet, zur Strukturformel ward, Harmonielehre, Kontrapunkt und Form in eins zu setzen und damit in einem neuen Begriff aufzuheben, allerdings auch schon mit Tendenzen zur Serialisierung der übrigen Parameter. Wie es in Wahrheit aber mit dem angeblichen konstruktiven Primat der Tonhöhen in Schönbergs Zwölftonwerken steht, darüber belehrt, was in seinem eigensten Medium der Konstruktion, dem der thematischen Arbeit, objektiv sich zuträgt. Die Tonhöhen hat er organisiert, mit den anderen Parametern aber komponiert er: unzählig sind die Beispiele, wie etwa im letzten Satz des Bläserquintetts (1923/24), wo die thematische Arbeit eine fast ausschließlich rhythmische ist, also im Parameter der Dauern sich abspielt, ja Themen überhaupt nur rhythmisch definiert werden. Eine von der orthodoxen Zwölftonschule wegen des simplen Reihenverfahrens bis heute noch unterschätzte, doch vom Dirigenten Webern mehrfach exemplarisch herausgestellte Komposition, die um ihrer völlig originären, untraditionellen Form und der einmalig geglückten Identität von Konstruktion und Ausdruck willen zu den besten zählt, die Schönberg in der gesamten Zwölftonphase hervorbrachte, die »Begleitmusik zu einer Lichtspielszene« (1929/30), deren Ablauf den von drohender Gefahr, Angst und Katastrophe illustrativ zu treffen sucht, ist zugleich von

Schönberg das extremste Paradigma eines großen musikalischen Zusammenhangs, der aus den subtilsten Relationen rhythmischer Gestalten, Zeitintervalle, Timbres, Lautstärkezonen und klanglicher Volumina eigentlich sich herstellt; die Tonhöhenverhältnisse, von der sehr übersichtlichen Reihendisposition fürs ganze Stück schon vorgegeben, »organisiert«, sind eben dadurch stillgestellt, von der kompositorischen Arbeit geradezu ausgeschlossen – ihr einziger vernehmbarer Beitrag zur Form, die Exposition der Terz es-ges zu Beginn, die am Schluß wiederkehrt, gerät wie die Quintbeziehung der Reihenhälften im Bläserquintett als Reminiszenz ans tonale Prinzip, gegen das die »Methode der Komposition mit zwölf nur aufeinander bezogenen Tönen« doch konzipiert ward. Daran wäre die Differenz von Organisation und Artikulation zu lernen, um deren Aufhebung es Webern ging; namentlich die Intervallfunktion in seinem Komponieren ist in der Tat zunehmend beides. Dennoch stehen bisweilen in seinen späteren Werken Töne so beieinander, wie sie nicht beieinanderstünden, hätte Webern sie komponieren können: die Reihe hat sie hingeschrieben, nicht der Komponist. Im ersten Stück des ersten Bandes der »Structures« (1952) von Boulez gibt es eigentlich nur solche Noten. Die Organisation, welche das kompositorische Subjekt ausheckt, um alle Ereignisse seines musikalischen Gebildes kontrollieren zu können, löst sich von ihm ab, tritt ihm als verdinglichte, entfremdete gegenüber, diktiert ihm, was es zu schreiben hat, kontrolliert am Ende es selber. Cages Unternehmung aber setzt im Extrem der Entfremdung an: beim Zufall, in den das kompositorische Subjekt nicht eingreift. Man möchte sagen, es laufe aufs gleiche hinaus, ob der Komponist vom Zufall oder von der Reihe sich diktieren läßt, was er an dieser oder jener Stelle niederschreibt. Nur daß das Subjekt den von keiner Intention schon besetzten Zufall sich endlich zueignen mag, während die von ihm selber hervorgebrachte und objektivierte Organisation, als entfremdet sich ihm gegenüberstellende, ein Böses annimmt und wider seine eigene Intention sich kehrt.

Zufall hängt mit Glück, das einem zufällt, zusammen, wie's Geratewohl mit dem Wohlgeratenen. Undenkbar wäre organisiertes Glück. Die Frage, ob gute oder schlechte Musik dabei herauskommt, hat an der Cageschen vollends ihren Gegenstand verloren. Man pflegt gute Musik daran nachzuprüfen, daß in ihr die Mittel einsichtig zu einem künstlerischen Zweck in einem sinnvollen Verhältnis stehen, das Prinzip ist wesentlich das der Oekonomie und letztlich der materiellen Produktion nachgebildet, wie der Begriff der Qualität vom Markt auf die künstlerische Leistung übertragen ward. Wer diese aber heute auch nur in ihrer Beziehung auf den historischen Stand sieht, wird kaum einen ungebrochenen Begriff von Qualität noch advozieren können, eher schließlich einzig am Wahrheitsgehalt sich interessieren. Cages Musik behauptet vollkommene Zwecklosigkeit und Wertlosigkeit bei sich selber, und so bleibt einzig ihrer Wahrheit und Unwahrheit nachzufragen. Ihre Wahrheit aber hat sie daran, daß sie einen Zustand proklamiert, der der Hiërarchie der Zwecke, ohne die selbst der überlieferte Begriff musikalischen Sinns nicht zu denken ist, und dem Wertgesetz nicht länger unterstellt wäre; ihre Unwahrheit daran, daß sie es unter einem gesellschaftlichen Zustand unternimmt, der dessen spottet. Auch darin ist sie experimentell. Sie spiegelt in der Tat nichts als erreicht vor; daß Cage bündig experimentelles Komponieren als eines definiert, dessen Resultate nicht vorauszusehen sind, ist zugleich der zarte metaphysische Takt eines musikalischen Beginnens, das seiner immanenten Perspektive nach zu der präzisen politischen Signifikation einer dermaleinst vom Prinzip der Herrschaft emanzipierten Welt zu gravitieren sich vermißt. Wie diese nur mit dem technologischen Fortschritt zusammengedacht werden kann, so wendet Cage die äußerste Sorge auf die Expansion der instrumentaltechnischen Möglichkeiten. Fast allen Orchesterinstrumenten hat er einen umfassenden Katalog neuer Methoden der Tonproduktion hinzugewonnen; wenn dabei in verschiedenen Fällen etwa Blasinstrumente während des Spiels auseinandergenommen und wieder zusammengesetzt[6], Violinsaiten entgegen der Mechanik des Instruments mit dem Bogen der Länge nach statt quer gestrichen, auch die unterschiedlichsten nicht zum Instrument selbst gehörenden Hilfsmittel zu Rate gezogen werden müssen, so denunziert er damit freilich zugleich auch den herrschenden technologischen Rückschritt, der gerade angesichts der heute als möglich sich abzeichnenden schieren Erfüllung aller technischen Träume vom gesellschaftlichen Widersinn über die Welt verhängt wird. Solche Notbehelfe zeugen unmittelbar von Not. Solange es beispielsweise keine Instrumente mit reicherer Klangfarbenskala auch zu den komplexen Spektren hin gibt, zu den Geräuschen, sollte man nicht die Komponisten anklagen, weil sie Kindertröten heranziehen müssen, sondern die technische Notdurft der Epoche bei ihrem gesellschaftlichen Namen nennen und den technisch sofort möglichen Anbruch des messianischen Zeitalters, eine in allen Stücken wohlversorgte Menschheit fordern. Dazu mögen choquierende Spielarten auf Orchesterinstrumenten beitragen. Was Cage mit Klavier oder Posaune veranstaltet, reklamiert in letzter philosophischer Instanz die Abschaffung des Hungers und laboriert zugleich an dessen Bestehen. In gewissem Sinne vermittelt die Problematik des Instrumentaltechnischen die astronomische Distanz des Cageschen Bewußtseins zum Stand der Epoche.

Nicht befreit die freigelassene Musik, als Desorganisation, von musiktheoretischer Begriffsbildung, und rasch stieße eine Theorie der experimentellen Musik auf die Tendenzen der Tradition selber, die sie vollstreckt. Wohl bezeichnet heute Cage mit der Zertrümmerung des »obli-

---

[6] In seiner Jazztheorie hat Adorno dergleichen psychoanalytisch als Kastrationssymbol entziffert (vgl. Prismen, Kulturkritik und Gesellschaft, Frankfurt a. M. 1955, S. 157). Es genügt, den Kontext, den gesamten Zusammenhang der Kastrationssymbolik im Jazz, zu studieren, um der Absurdität jeder Übertragung dieser isolierten Beobachtung aus einem Bereich in ein anderes inne zu werden. Kriterium bleibt allemal die Funktion.

gaten Stils«, dessen Ausbildung die abendländische Musik überhaupt ihre Verbindlichkeit verdankte, mit der aller Objektbildung entgegengesetzten Tendenz seines Komponierens das absolute antitraditionalistische Extrem. Sein Begriff des musikalischen Objekts trifft, was er an der Tradition nicht mehr erträgt: daß die Themen und Gestalten in ihr wie geprägte Gegenstände sind, die man stets wiedererkennt, auch wenn sie an einen anderen Platz gerückt werden, daß das ganze Werk schließlich ein solches Objekt ist, buchstäblich ein Ding, durch jede Aufführung bloß in seiner beharrenden Beschaffenheit wieder präsentiert. Zwar marquiert das Œuvre Schönbergs und Weberns historisch in gewissem Sinne den Höhepunkt der Objektbildung in der abendländischen Vokal- und Instrumentalmusik: noch die letzten Details in ihren Partituren pflegen so genau bezeichnet zu sein, daß etwa differierende Interpretationen selbst im Kleinsten legitim kaum mehr möglich sind, also die absolute Identität des Stücks mit sich selber einzig übrigbleibt. Sie ist allenfalls einigen elektronischen Werken als ein für allemal auf Tonband fixierten und geronnenen Gebilden noch zuverlässiger geraten – folgerecht impliziert die Objektbildung die Reduktion der Musik aufs akustische Phänomen, wie sie eben in jenen elektronischen Stücken, bei deren Aufführung es nichts mehr zu sehen gibt, sich vollendet hat. Wenn Cage demgegenüber das musikalische Werk als Prozeß, Praxis, Aktion bestimmt, so ist jedoch nicht zu übersehen, daß, was immer in traditioneller Musik Form hieß, schon dahin wollte. Worein Schönbergs Musik auf der Höhe der Objektbildung ihren ganzen Stolz setzte: so anspruchsvoll angelegt zu sein, daß man nicht immer schon vorher wissen könne, was komme, wird vom experimentellen Kunstwerk erst verwirklicht. Schönbergs Prinzip der Nicht-Wiederholung aber, der variierten Reprise, wird von Cage auf die Aufführung des Werks selber angewandt. Dieses bleibt nicht länger mit sich selber identisch im primitiven Sinne einer Identität der Aufführungen untereinander, vielmehr einzig im angestrengteren der Identität der Konzeption. In Bewegung gerät dabei das Verhältnis von Komposition und Interpretation, die im traditionellen Werk so konstitutive Demarkationslinie zwischen den beiden Bereichen. Nicht daß gegen das Anwachsen des Komponierens schlicht eine Reaktion sich geltend machte. Bis vor kurzem hatte der Verlauf der Musikgeschichte ja in der Tat die umgekehrte Tendenz gezeigt: ließ etwa noch Johann Sebastian Bach in seinen Notationen fast durchweg Kategorien wie Tempo, Phrasierung, Artikulation, Lautstärke, Akzentuation offen, so daß diese in die Kompetenz der sinngemäßen Interpretation fielen, so hat das Komponieren in der Folgezeit das alles stets zunehmend seiner eigenen Disziplin unterworfen, in strikte Elemente des Kompositorischen es verwandelt, und ist darüber zum integralen geraten. Daran aber war eigentlich der Begriff einer integralen Interpretation erst zu bilden, der dann rückwirkend etwa auch auf Bach sich anwenden ließ: bei Kolisch, überhaupt in Schönbergs »Verein für musikalische Privataufführungen« zu Wien. Nicht also breitet heute der Bereich der Interpretation sich »wieder« aus. Was sich zuträgt, ist ein Funktionswechsel, über den die Notentexte belehren. Es bedarf kaum der Hervorhebung, daß in einem traditionellen Werk, beispielsweise einer Sonate Beethovens, die Noten keine Anweisungen, welche Tasten der Pianist zu welcher Zeit auf welche Weise niederdrücken und loslassen soll, keine Aktionsschrift sind, sondern Bezeichnung eines klingenden Resultats, das ihm vermittels welcher technischen Veranstaltungen im einzelnen auch immer zu erzielen sich aufgibt – so sehr, daß man bei der Aufführung, also dem Erklingen eben dieses Resultats, den Notentext nicht bloß mitzulesen, sondern nachgerade nach dem Kriterium der mehr oder minder großen Übereinstimmung des akustischen Phänomens mit der Notation die Qualität der Aufführung zu beurteilen vermag. Das ist nicht selbstverständlich, und Hoffnung, einen solchen Typus von Musik zu begreifen, hätte man wohl nur, wenn man der Gewohnheit, zu der er geworden ist, sich entäußerte, um über ihn zu reflektieren. Derartige Resultatschrift teilt genau Objektbildung mit: Festlegung des Resultats ist schon Prägung eines Objekts, und die Imagination, jene Fähigkeit, das Ergebnis auf Grund der Notation als leibhaft erklingend sich vorzustellen, hat solche traditionelle Musik und die Erfahrung ihrer Praxis zur Voraussetzung wie zum ausschließlichen Gegenstand. Die Verschiebung aber im Verhältnis von Komposition und Interpretation bei Cage heute ist wesentlich Verlagerung der kompositorischen Anstrengung selber von Resultaten auf Aktionen, deren Resultat nicht vorauszusehen ist. Diese letzte Bestimmung begründet übrigens den Unterschied zu den Aktionsschriften Stockhausens aus den »Zeitmaßen« (1955/56) etwa und dem Klavierstück XI (1956). Dort wird der intelligible Notentext durch Aktionskommandos an den Interpreten ersetzt und damit eigentliche Interpretation überhaupt kassiert; Gehorsam tritt an ihre Stelle und garantiert das vom Komponisten genau vorauskalkulierte Resultat, das durch eine Resultatschrift lediglich, da der Interpret die Anstrengung der Reflexion, um es zu erreichen, in den Prozeß einführen müßte, gefährdet würde.

Demgegenüber will der Komponist der Cageschen Musik keine Führerfigur mehr sein; dies, nicht Durchstreichung des kompositorischen Subjekts, war der Sinn jener Stelle aus einer Vorlesung Cages, die an der bisherigen Musik kritisch hervorhob, daß sie stets eher an die Präsenz eines Menschen, des Komponisten, als an die von Tönen erinnere, welche in eine soziale Situation zu placieren Aufgabe des Komponisten sei. Cages Werk entwirft den Musikern spezifische Möglichkeiten der Aktion und ist, will man es dingfest machen, nichts als das Feld dieser Möglichkeiten. Unverkennbar eine wenn auch äußerst subtile Affinität zur Barbarei der Sing-, Spiel-, Jugend-, Schul- und sonstigen Musiken des gesunden Lebenswillens, die von der Loslassung des Spiels als solcher etwas sich erwarten, womöglich die sogenannte Erneuerung der Gesellschaft. Nur lassen sie im Gegensatz zu Cage das Spiel gerade nicht los, sondern réglementieren es durch besonders sture Notentexte, die vom tradierten Begriff des Kunstwerks einzig durch ihre Erbarmungswürdigkeit im Ernst etwas nachlassen, nicht aber diesen kritisch etwa auflösen. Das Formgesetz ihrer musikalischen Ensembles ist denn auch das der Zusammenrottung und der repressiven Disziplin, antipodisch zu Cage, der dem einzelnen Musiker Emanzipation zumutet. Cages Freisetzung der Aktion aber greift, wie umgekehrt die Objektbildung die Musik mehr stets aufs akustische Phänomen eingeschränkt hatte, über dieses hinaus. Aktion ist sichtbar: Anschläge auf der Tastatur, Pizzicati im Innern des Flügels, der Weg des Pianisten zu dessen hinterem Ende, das Ergreifen eines Schlägels oder einer Pfeife, um im Pianistischen zu bleiben. Das spektakuläre Moment solcher Aktionen mag hinter dem akustischen zurückbleiben oder es überwiegen, es kann eine ganze Skala innerer Zusammensetzungen von Aktion gebildet werden. Im »Music Walk« (1958) für Klaviere und Radioapparate und im »Water Walk« (1959) für Klaviere, Radioapparate, Küchenmaschinen und Wasser in den drei Aggregatzuständen ward das Prinzip dadurch überaus vorgetrieben, daß alle Pianisten an allen – räumlich möglichst weit auseinanderliegenden – Schallquellen zu tun haben, also meist auf dem Wege sind. Hier werden Ansätze zu einem neuen Musiktheater – nach dem Untergang der Oper, dem Scheitern des epischen Musiktheaters und der notwendigen Entgegenständlichung des Theaters selber – so schüchtern evident, wie es einzig zu verantworten ist, um dessen Möglichkeit nicht zu verraten.

Hans G Helms

John Cage

Als John Cage, der nun 60jährige amerikanische Komponist und Denker, vor etlichen Jahren an der kalifornischen Staatsuniversität in Davis eine Gastprofessur übernahm, kündigte er seine Vorlesungsreihe folgendermaßen an: wer immer sich für die Vorlesung inskribiere, werde die höchste Zensur, ein A, bekommen; denn er sei gegen das Lernen als Form kapitalistischer Konkurrenz. Seine Lehrveranstaltung gelte einem noch unbekannten Gegenstand. Mit Hilfe von Zufallsoperationen nach dem »I Ging«, dem chinesischen »Buch der Wandlungen«, werde man herausfinden, welche fünf Bücher oder Abschnitte von fünf Büchern aus der Universitätsbibliothek jeder Teilnehmer lesen möge, um dann gemeinsam über das Gelesene zu sprechen. Da auf diese Weise jeder etwas Anderes erfahre, könne jeder die anderen mit seinem Wissen beschenken, anstatt, wie es sonst üblich, mit allen übrigen ums Besserwissen und um die besseren Zensuren zu konkurrieren.
Ähnliche Methoden, das Konkurrenz- wie das Autoritätsprinzip zu attackieren, wo nicht aufzuheben, hat John Cage in den vergangenen zwei Dezennien für die musikalische Praxis entwickelt, nicht bloß in der Absicht, die von kapitalistischer Ratio diktierten und ob ihres Zwangscharakters verknöcherten Beziehungen und Kommunikationen der Individuen untereinander zu befreien, vielmehr mit dem sehr viel weitergehenden Ziel, dem Individuum bewußt zu machen, daß es selbst seine subjektiven Vorlieben und Abneigungen eliminieren müsse, weil es sich hierbei um Verknöcherungen im Bewußtsein, um Verinnerlichungen kapitalistischer Zwänge handle, will das Individuum von der Freiheit der Kommunikation vernünftigen gesellschaftlichen Gebrauch machen. »Silence« (Schweigen) ist sein Sammelbegriff für diese Freiheit.

In seinem 1957/58 entstandenen »Concert for Piano and Orchestra« hat Cage um dieser Freiheit willen die einzelnen Stimmen nicht als ein in einer Partitur fixiertes unveränderliches Bezugsfeld angelegt; indessen hat er jede Stimme mit gewissen Direktiven und gewissen Freiheiten ausgestattet; auch der Dirigent hat eine solche Stimme, und mit Armbewegungen ähnlich denen eines Uhrzeigers signalisiert er den schnelleren oder langsameren Ablauf der Zeit, wonach die übrigen Mitwirkenden sich orientieren können. Statt eines Systems der Abhängigkeiten der Mitwirkenden untereinander und aller vom Dirigenten gibt es hier ledig-

John Cage

Gedanken eines progressiven Musikers über die beschädigte Gesellschaft

When I went to the University of California at Davis I was asked to teach a class. And the first thing I announced was that everyone in the class would get an A because I am opposed to the grading in schools. Well, when this news got around the campus the size of the class increased to 120 people who all wanted to have A's. Gradually, it settled down to about 80 people who came to the class all the time. But even those who just came and registered got an A. My first talk to them explained my point of view. And that included the fact that we didn't know what we were studying. That this was a class in we didn't know what. And in order to make that clear that we would subject the entire University Library to chance operations, to the I Ching, and each person in the class would read say 5 books or parts of 5 books if the books were too long, and the I Ching could tell them which part to read. And in that way we would all have, I thought and they agreed, something to talk about, something to give one another. Whereas if we did as other classes do and all read the same book and knew what we were doing, then we could only be in a position of competing with one another to see which one understood the most. Whereas in this other class we all became generous to one another, and the conversations were unpredictable.

When I collected together writings, in my first book I called them all SILENCE. And I think that this is perhaps the best description of my work, if one understands what I mean. By SILENCE I mean a freedom from one's intentions. And in different ways those pieces show, I would think, a greater and greater faithfulness to silence.

Das Interview mit John Cage hat während der Dreharbeiten des Fernsehfilms BIRDCAGE am 7. April 1972 in seiner Wohnung, 107 Bank Street, New York City, stattgefunden.

lich eine für alle gleichermaßen verbindliche Orientierung auf den zeitlichen Ablauf.
Weder Cage noch sonstwer wird in diesem musikalischen Freiheitsmodell mehr sehen denn eben ein Modell für freie Kommunikation im engen Rahmen einer Gruppe intelligenter Musiker. Es ist kein déjà-vu einer befreiten Gesellschaft, aber es läßt ahnen, wie Cage sich im gesellschaftlichen Bereich die Ansätze zu einer Entwicklung vorstellt, die zu einer freien sozialistischen Gesellschaft hinführen kann. Solche Ansätze glaubt Cage in China zu erblicken, das, vor wenigen Jahrzehnten noch von Überschwemmungen, Dürre, Invasionen und Bürgerkrieg verheert, dank Maos Ideen und ihrer praktischen Umsetzung nun zu Befriedung und Befriedigung gelangt ist.
Nach Cage beruhte Mao Tse-tungs Erfolg in dessen Einsicht, daß es nicht genügte, das sowjetische Beispiel zu kopieren, da in China nicht die Fabrikarbeiter, wie in Rußland, sondern die Bauern die gesellschaftliche Basis darstellen. Die Probleme Chinas unterschieden sich infolgedessen von denen in anderen Gesellschaften und bedurften ihrer eigenen, ihrer chinesischen Lösungen. Wie Mao sah, mußten sie vom einmütigen Willen der Mehrheit, einer Mehrheit jenseits der Klassengrenzen, jenseits von Reich und Arm getragen werden.

Es gibt, sagt Cage, übrigens eine interessante Korrespondenz zwischen dem Bauhaus in Deutschland und seinem Ableger in Amerika und Mao. Cage bezieht sich auf ein Buch von László Moholy-Nagy mit dem Titel »The New Vision«, das ihn seinerzeit stark beeinflußt habe.
Wie der Kreis in Moholy-Nagys Buch das Individuum als zu allem fähig darstelle, so habe Mao Tse-tung darauf insistiert, daß jeder Chinese an allen Aufgaben, die in China zu lösen waren, teilnehmen solle. Aus dieser Beteiligung aller an allen Gemeinschaftsaufgaben sei der traditionelle chinesische Familiensinn so gestärkt hervorgegangen, daß nun die chinesische Nation wie eine große Familie erscheine.

What happened in China was that the country and the people were facing disaster which had come to them both from other countries, from within, that is to say from people other Chinese . . .
(Helms: You mean during the last couple of decades?)
Yes, and also great disasters from flooding of the rivers, from draught and so forth. So that it was evident to many in China that a problem, a very serious problem, existed. And by clear thinking Mao saw that the solution would come from an unanimity of the largest number of people.
But what is evident is that there was some decades ago this serious problem and that Mao found a solution, so that the people are not divided as they formerly were between the rich and the poor, but they are working together to solve the problems as they see them. Mao was more clearheaded, I think, than some of his Chinese communist associates who looked to Russia as an example to be copied. Whereas Mao realized that each place has its unique characteristics, and that the characteristics of the Chinese problem were different from the characteristics of the Russian problem, so that he thought of the peasant in China as being the basis of the society rather than the factory worker.

I noticed an interesting correspondence between the Bauhaus in Germany and Mao. In English there was a book of Moholy-Nagy's called »The New Vision«, and this book was very influential for my thinking.

Near the beginning of Moholy's book there is a circle which describes the individual, an individual human being, and shows that the individual is totally capable, that is to say, each person is able to do all the things that any human being can do. But through circumstances and so forth we often become specialists rather than whole people. Well, one of the things that Mao has insisted upon for the Chinese is that if there is an army that everyone is in it, if there is agriculture to do everyone should be able to do it, if the land is to be changed so that it will not be flooded periodically, everyone in the community goes to work to bring about this change, even those who are old, even those who are young, so that the experience of the family has been extended through Mao's influence so that in a sense the nation itself is a family.
And I find this very beautiful.

Auf die Frage, wie Cage selbst einen Zusammenhang zwischen Maos Ideen und ihren Verwirklichungen und seiner eigenen Musik sehe, antwortet er bescheiden, daß er zwar seine musikalischen Intentionen verschiedentlich geändert habe, ohne daß dies für Mao von Interesse sein müsse.

Cages erster Schritt auf dem mühseligen Weg von einer subjektiv determinierten Musik zu einer Musik, die vielleicht einmal wirklich objektiv, d. h. gesellschaftlich determiniert sein könnte, war die Arbeit mit Zufallsoperationen, die ihn, wie er sagt, von seinen eigenen Sympathien und Antipathien befreite. Als Musiker wurde er dadurch immer offener für die verschiedensten Klangmöglichkeiten. Seine ästhetische Vorliebe gilt weder seiner eigenen Musik noch der irgendeines Kollegen, sondern den Klängen und Geräuschen des Alltags.

1947 komponierte Cage eine rhythmische Studie »Music for Marcel Duchamp«, für die von Duchamp gestaltete Sequenz in Hans Richters Experimentalfilm »Dreams that Money Can Buy«. Die Studie war eine Replik auf Cages Einsicht, die er mit Duchamp teilte, daß der menschliche Verstand nur zu den simpelsten Organisationsformen fähig ist. Als er zu komponieren anfing, versuchte er sich deshalb an Zahlenpermutationen, und schon bei der Zahl 11 gibt es so unendlich viele Möglichkeiten, daß im Verhältnis dazu die in der europäischen Musik benutzten formalen und strukturellen Zusammenhänge verschwindend gering an Zahl sind. Seine eigene musikalische Aktivität erscheint Cage heute als ein Versuch, die Musik vom Zugriff der A-B-A-Form zu befreien und ihr die Brillanz der unorganisierten Klänge des Alltags zu entdecken.

An der Komplexität der modernen Musik sei Mao gewiß kaum interessiert. Doch, wenn nicht als Pilzsammler, so vielleicht als derjenige, der auf die Zugänglichkeit der Schönheit der Umweltgeräusche hinweist, glaubt Cage, auch den Chinesen nützlich sein zu können.

Der nächste konzeptionelle Schritt auf dem Weg zur Befreiung der musikalischen Praxis von ihrer repressiven Organisation geschah mit der Entwicklung des Prinzips der »Indeterminacy«, der Unbestimmtheit.

Well I've made a number of changes in my music as the time has passed. And my first change was one which would be of no interest to Mao whatsoever, I think, namely I wished when I first used chance operations to make a music in which I would not express my feelings or my ideas but in which the sounds themselves would change me, hm? They would change in particular my likes and dislikes. I would discover through the use of chance operations done faithfully and conscientiously, I would discover that things that I had thought I didn't like that I actually liked them, hm! So that rather than becoming a more and more refined musician I would become more and more open to the various possibilities of sounds. This has actually happened, so that my preference as an individual in terms of musical esthetic experience is not any of my music and not any of the music of any other composer but rather the sounds and noises of everyday life.
I think, Duchamp would agree with me. He said for instance, the human mind works very poorly. And though in his case it worked, I believe, better than usual, it still works extraordinarily poorly and particularly when it is involved with organization. Because only the simplest possibilities seem to fascinate the organizing mind. I might even or someone else might say of me that my whole dedication to music has been an attempt to free music from the clutches of the A-B-A. When I was just beginning to write music I made a list of all the permutations of numbers such as would produce forms or relationships of parts in a musical composition. And I made them for all the numbers from 2 through 11. By the time you get to the number 11 the possibilities are extraordinarily numerous. Now, when you look at all those possibilities of formal or structural relationships, you see that European music has used only a tiny number of them, whereas if you simply listen to environmental sound you're over and over struck by the brilliance of non-organization.
And here we come to another connection with Mao.
He would have little interest in the complexities of modern music. And were I to go to China I would, I believe, only be useful to the Chinese as a mushroom hunter, but I might also be useful as a person who could point out the pleasure of environmental sound which I think is accessible – well, as we say here in the United States – to the man in the street.
We were speaking about the use of chance operations on my part with the intention of changing myself so that I became more open to my life experience. As this work with chance operations continued, I became interested in, oh, what I've since called indeterminacy.
(Helms: John, one question to that: when did you first make use of this term with this particular content?)
I think it was first for those lectures in . . .
(Helms: . . . in Darmstadt?)

Das Stück »34'46.776" für 1 oder 2 Pianisten« war Cages erste Komposition, in welcher dem Interpreten eigentlich nur noch die Materialien zur Interpretation zur Hand gegeben werden und die Entscheidungen über das Was, das Wie und Wann ihm überlassen sind. Die Interpretation wird daher unbestimmt oder nicht vorhersehbar. Cage ist sich darüber durchaus im klaren, daß Interpreten, die sich noch nicht wie er selbst oder David Tudor von ihren Vorlieben und Abneigungen freigemacht haben, eine solche Spielvorlage mißbrauchen werden, um ihre eingeübten Dummheiten, die das Bewußtsein berümpelnden Klischees, beliebig aneinanderzureihen. Sind die Interpreten jedoch frei und diszipliniert, dann präsentiert sich eine solche Aufführung gar wie ein Modell einer künftigen freien Gesellschaft en miniature. Eine Aufführung seiner Komposition »Reunion« in Toronto, an der u. a. Marcel und Teeny Duchamp beteiligt waren, vermittelte ein solches Modell. Cage spricht von der Praktikabilität der Anarchie und meint damit im Sinne Henry David Thoreaus nicht die soziale Unordnung, sondern eine herrschaftslose Gesellschaft.

Cage bestreitet die herkömmliche Ansicht, in China werde alles aufs Strikteste von oben kontrolliert. Denn Mao habe selbst die unterschiedlichen Probleme der chinesischen Provinzen hervorgehoben und gefordert, daß jede Gruppe ihr Problem selbst analysieren müsse, um eine zweckmäßige Lösung zu finden, sodaß im Grunde niemand irgendwem sagt, was er zu tun habe.
Dieses gut marxistische Theorem, Sachverhalte zu analysieren, um sie positiv modifizieren zu können, hat Cage im musikalischen Bereich stets appliziert. Zwei Sachverhalte haben ihn schon früh beschäftigt: die Öffnung der Musik zu den Umweltgeräuschen hin und die Anwendbarkeit der fortschrittlichen akustischen Technologie. Das Resultat waren Tonbandkompositionen, entstanden ungefähr gleichzeitig mit den ersten Musique concrète-Experimenten in Paris und den ersten elektronischen Versuchen in Köln.

... *in Darmstadt*
(Helms: in 58)
... *in 58. But before that, in 54 already, this thing of indeterminacy had begun, for instance in those time-length-pieces – 34'46.776" FOR A PIANIST –*
(Helms: Is that the one which David [Tudor] played in Bonn?)
No, in Donaueschingen in 54, and I played with him.
In 34'46.776" FOR 2 PIANISTS, instead of specifying the piano preparation I not only specified it only roughly with regard to categories of materials like plastic, rubber, metal and so forth, leaving the decisions free to the performer. Another element entered into the musical composition which was x, in other words, something not thought of at all. So that it gave a freedom to the individual performer. This giving of freedom to the individual performer began to interest me more and more. And given to a musician like David Tudor, of course, it provided results that were extraordinarily beautiful. When this freedom is given to people who are not disciplined and who do not start – as I've said in so many of my writings – from zero – by zero I mean the absence of likes and dislikes – who are not, in other words, changed individuals but who remain people with particular likes and dislikes, then, of course, the giving of freedom is of no interest whatsoever. But when it is given to disciplined people, then you see – as we have seen, I believe, in our performances with David Behrman, with Gordon Mumma, with David Tudor, with Alvin Lucier, with Lowell Cross, sometimes all of us together, or in a piece that included many of those whom I've just named together with Marcel and Teeny Duchamp and myself in Toronto, a piece called RE-UNION – in that case you give an instance of a society which has changed, hm? Not an individual who has changed but a group of individuals, and you show, as I've wanted to do, the practicality of anarchy.
A group of people acting without anyone of them telling all of them what to do. Now, you might say that in China we have the instance of one quarter of the world's population acting because they were told what to do. But I think that when we have more information about the revolution in China that we will see that many individuals in China, other than Mao, were able to make contributions, in other words, much of the activity was original. Because Mao insisted not only that the Chinese situation was different from the Russian but that local Chinese problems were different than any, say, Peking Chinese problem. And that each group of people had to discover what the nature of their problem was in order to bring about a useful solution.

Ob die Nützlichkeit solcher Musik aus dem Vorhandensein der Alltagsgeräusche deduziert werden kann, muß zweifelhaft bleiben. Gewiß gibt es für sie noch andere, triftigere Kriterien. Nicht minder zweifelhaft mögen die auf utilitären Argumenten basierenden Reflexionen und Zukunftsentwürfe des amerikanischen Architekturtheoretikers Buckminster Fuller manchem anmuten, von denen Cage sehr beeindruckt ist. Fraglos ist es aber legitim, Maos Ideen für utilitäre zu halten und nicht bloß für politische; denn auch politische Ideen müssen ihre Richtigkeit an ihrer gesellschaftlichen Nützlichkeit beweisen.

Zum ersten Mal hat Cage 1939 der akustischen Technologie die Aufgabe gestellt, ihre gesellschaftliche Nützlichkeit im eingeengten Sinn einer musikalischen Utilität unter Beweis zu stellen. 1939 komponierte er »Imaginary Landscape No. 1« für wissenschaftliche Schallplatten mit konstanten und variablen Tonhöhen, Becken und die Saiten eines geöffneten Klaviers. Es war nicht für live-Aufführung gedacht, sondern sollte gesendet oder als Schallplatte aufgenommen werden. Hätte es 1939 schon Tonbänder gegeben, hätte Cage Tonbänder verwendet. Es ist sozusagen radiophone Musik und schon ein direkter Vorläufer der konkreten oder elektronischen Musik. In der New Yorker Town Hall wurde die »Imaginäre Landschaft« 1958 als Tonbandkomposition aufgeführt.

Heute interessieren John Cage weder diese frühen Experimente sonderlich noch die propagandistische Musik, die Mao als politisches Werbemittel benutzt; ihn interessiert die Musik, die das chinesische Volk ohne jede musikalische Absicht spielt, indem es seine Aufgaben als Soldaten, als Bauern, als Studenten verrichtet. Mit anderen Worten: ihn interessiert das zentrale gesellschaftliche Geschehen.

Cages Interesse an den beiläufig entstehenden Klängen und Geräuschen führt schließlich zu dem Wunsch, das Publikum in die musikalische Praxis einzubeziehen, wobei diese nicht mehr von Komponisten prädeterminiert sein dürfte. Musikalische Praxis heißt also Aufhebung der Arbeitsteilung zwischen Fachleuten und Laien. Sie für einen Moment herbeizuführen, ist ihm im Herbst 1971 an der University of Wisconsin in Milwaukee gelungen, wo er das Publikum Umweltklänge hat erleben lassen, indem er mit Zufallsoperationen auf der Karte des Universitätsgeländes einen Weg erkomponierte, den er dann mitsamt seinem Publikum so leise und so aufmerksam lauschend wie möglich abschritt. Mehr denn eine musikalische war es eine gesellschaftliche Erfahrung für alle.

Well, we come in the end, don't we, to the music I already spoke of which is no music, simply environmental sound, and it's available to us continually. Therefore its usefulness is not to be questioned.

I think, what I would like to see is a correspondence between the projects of Buckminster Fuller and the accomplishments of the People's Republic in China. I would like to see those as not being different.

It seems to me that Fuller's solutions are not political in any sense but are based upon utility, a utility to individuals, a utility to the society, and a utility to nature. Mao's solutions appear to many people to be political. But I like to think of them as being utilitarian, like Fuller's.

The two kinds of music now that interest me are on the one hand a music which is performed by everyone. And I would like to say that the Chinese people are from my point of view now performing a beautiful music which I would actually like to go and hear. And I mean, doing that not intentionally within the field of music but that the music which arises from their activity as farmers, soldiers, students, whole members of a whole family, I am sure, produces a beautiful music, even though they do it unconsciously as music. And I prefer that music of the Chinese to their propagandistic music in theatre which Mao uses just as Madison Avenue here in the United States uses art to advertise its products, so Mao uses art in China to further the revolution.

So I like that music by many, many people. And here, more and more in my performances, I try to bring about a situation in which there is no difference between the audience and the performers. And I'm not speaking of audience participation in something designed by the composer, but rather am I speaking of the music which arises through the activity of both performers and socalled audience. This is a difficult thing to bring about, and I've made only a few attempts so far and with mixed results, you might say. I think, the most enjoyable from my point of view was last fall at the University of Wisconsin in Milwaukee when I was asked to give a demonstration of sounds of the environment. And about 300 people came into a concert hall, and I spoke to them much as I am speaking to you about the enjoyment of the sounds of the environment. And then, through I Ching chance operations we subjected a map of the University campus to those operations and made an itinerary for

Daneben besteht für Cage nur noch solche Musik, die man selbst spielen kann, ohne damit jemand anderen zu belästigen; wie er denn auch heute niemanden veranlassen würde, seine älteren Kompositionen aufzuführen. In der Tat resultiert der Charme aller Musik von John Cage zu einem nicht unerheblichen Teil aus ihrer Simplizität, die freilich oft über den technischen Schwierigkeitsgrad Irrtümer erzeugt. Wird sie aber so perfekt interpretiert, wie die »Sonatas and Interludes« 1958 in der Town Hall von Maro Ajemian interpretiert worden sind, klingen sie tatsächlich wie Musik, die man selbst glaubt spielen zu können. Die zwischen 1946 und 1948 geschriebenen »Sonatas and Interludes« für präpariertes Klavier sind exemplarisch für den individuellen Aspekt einer gesellschaftlich utilitär gedachten musikalischen Praxis.
Weniger die theatralischen Aspekte, die es auch damals schon gab, wenn David Tudor sich vom Klavierschemel erhob, um auf den Saiten des Flügels mit den Fingern oder auf dem Rahmen mit einem Schlagzeugschlegel zu spielen, als vielmehr die innermusikalischen Innovationen der »Music of Changes« von 1951 waren dazu angetan, jene Revolution im Bewußtsein zu entfachen, die gerade dieses Werk als integraler Bestandteil der 1958er Cage-Vorlesungen bei den Darmstädter »Ferienkursen für Neue Musik« in Gang gebracht hat; nicht ausschließlich mit positiven Resultaten, muß man hinzufügen, da von Anbeginn mehr Aufmerksamkeit den Äußerlichkeiten als der zentralen Problematik der Cage'schen Musik geschenkt worden ist. Längst haben sich die theatralischen von den musikalischen Aspekten abgelöst und als »musikalisches Theater« kategorial verabsolutiert. Das der »Music of Changes« zugrunde liegende Zufallsprinzip ist von minderen Komponisten als Rechtfertigung ihres beliebigen Tuns exploitiert worden. Seine heutige Skepsis über die potentiell revolutionäre Funktion der Musik ist Cage mit bitteren Erfahrungen zugewachsen. So beurteilt er die kritisch-aufklärerische Wirksamkeit seiner satirischen Suite »Credo in Us« nun weit weniger optimistisch als im Jahre 1942, da er sie nach einer Choreographie von Merce Cunningham für das Tanzduo Jean Erdman / Merce Cunningham komponierte.

the entire audience which would take about 45 minutes to an hour. And then all of us, as quietly as possible, and listening as attentively as possible, moved through the University community. It was a social experience.

(Helms: ... rather than a musical one?)

It was also musical, and was discussed as such and as society when we returned to the hall.

The other kind of music that interests me is one which has been traditionally interesting and enjoyable down through the ages, and that's music which one makes oneself without constraining others. If you can do it by yourself you're not in a situation of telling someone else what to do.
But I find the conventional musical situation of a composer telling others what to do, I find that something which I now don't myself instigate. If someone plays my earlier music in which that situation takes place, then I don't make any objections but I myself would not have organized the concert.

CREDO IN US was written to fit a dramatic duet choreographed by Merce Cunningham and danced by him with Jean Erdman. What I did was go to the dance studio and measure the phrases of the dance and produce a music that would fit the dance as it was choreographed.
And Merce's dance was actually not a credo in the USA but rather a criticism of the USA. It was really a satire on the American notion of progress.

Sozialkritik, sei es an der amerikanischen Familie oder vielmehr an ihrem bigotten Bewußtseinsklischee, sei es an anderen Mißständen, leidet, wenn sie als Musik oder Tanz formuliert wird, stärker denn verbale Kritik unter historischer Obsoleszenz: sie veraltet schneller. Was dann noch übrig bleibt, wirkt zunächst nur komisch oder gar schrullig, es sei denn, man konfrontiert solch ein historisches Werk mit einem anderen, sodaß die Differenz der verschiedenen historischen Stufen zueinander Nachdenklichkeit entstehen läßt, sobald das Lachen vorbei ist.

Es steht außer Frage, daß es John Cage, seit man ihn in den USA gegen seinen Willen als eine Art Kunstapostel zu institutionalisieren versucht hat, immer schwerer fällt, von gesellschaftlichen Verpflichtungen sich freizumachen, die kaum – mittelbar oder unmittelbar – zur Förderung gesellschaftlicher Interessen beitragen. Das Herumsuchen in den Winkeln findet seltener statt. Das ist umso bedauerlicher, als nicht so sehr die einzelnen Werke seines Gesamtœuvres das Bewußtsein bewegt haben denn vielmehr die Prinzipien und Methoden, nach denen sie komponiert worden sind. Unter diesen ist es vor allem das Prinzip der Zufallskomposition, das zahllose Adepten gefunden hat, die es freilich – um einen Vorwurf aufzugreifen, den Cage mit Recht gegen manche Kollegen erhoben hat – an »Disziplin« oft erheblich mangeln lassen. Bis zu einem gewissen Grad kann man sagen: Cage zwingt sich zur Disziplin mit Hilfe des »I Ging«, des chinesischen »Buchs der Wandlungen«, dessen Zahlenspielen er sich nach selber entworfenen Spielregeln strikt unterwirft. Im »I Ging« haben lediglich die Zahlen von 1 bis 64 eine Funktion.
Ein mögliches Resultat des computerisierten »I Ging«, wenn auch der zufälligen Natur des Verfahrens wegen natürlich kein prototypisches, sondern ein unter vielen mögliches, ist das zwischen 1967 und 1969 mit Lejaren Hiller gemeinsam komponierte Stück »HPSCHD«, für das Cage den Großcomputer Illiac IV der University of Illinois in Urbana hat benutzen dürfen, der sonst vornehmlich für hochdotierte Spezial- und Geheimprojekte des Pentagons eingesetzt wird.

It was a duet between him and Jean Erdman, and rather than showing the glories that ballet had shown between the prince and the princess, you know, it showed the ingloriousness of the American family, as I recall. And the piece, I think, too, though at this date it's no longer wild which I thought it was when I wrote it. Now it seems just hilariously funny. But when I wrote it, it was with a notion of social criticism.

Recently, I've become very well known so that I'm invited here and there to speak or to give concerts. And I would like more and more to become incognito or to become socially as I was when I made a discovery. If people have me talking and performing all the time, I can't make a discovery because I'm obliged to do what I did already. I want to look around in the corners and see if I find something. (Helms: Well, there are still so many things to be found in the corners.)

I know. But when you get old your chess playing is not as good as that of a young person.

The number 64 which is the number that the ›I Ching‹ works with, I found a way of relating it to numbers which are larger or smaller than 64 so that any question regarding a collection of possibilities can be answered by means of the ›I Ching‹ which I now have computerized, so that I can very quickly do something using the ›I Ching‹ actually as a computer. I found when I made HPSCHD with Lejaren Hiller that if you have a question for which you want a great number of answers, then it is economical to use the computer. But if you have a question which you only want one answer to, then it's better to do it yourself. And when I do it myself I use the print-out of the ›I Ching‹ which is now computerized. Mostly I want only one answer to a question, and therefore I can work at home without going to a computer laboratory. And this box over here that has ropes around it is full of ›I Ching‹ print-outs. So I have a great supply of answers to questions which I have not yet asked.

Von Anbeginn sind die Fronten pro und contra Cage ziemlich fest gefügt gewesen. Wenn heute nicht nur Cage selbst sein früheres Denken, wie es sich in seinem Buch »Silence« manifestiert hat, mehr bewundert als sein gegenwärtiges Denken, wenn auch Publikum und Musikerkollegen seine ältere Musik oft ebenso preisen wie sie seine neueren Werke geringschätzen, so ist dessen eine Ursache sicherlich auch in dem zu suchen, was Cage als Konfusion in seinem heutigen Denken beschreibt, eine Verwirrung, die aus seiner Offenheit für die sozialen Probleme resultiere. Aber das ist fast unvermeidlich und selbstverständlich bei einem Komponisten wie Cage, für den es keine Dichotomie zwischen Theorie und Praxis gibt, der nicht – wie zu viele seiner Kollegen – seinen Werken im Nachhinein ein ideologisches Korsett anzieht. Für Cage muß sich folglich die Konfusion im Denken in die musikalische Praxis übertragen. Genau besehen, sind freilich die künstlerischen Anstrengungen der meisten seiner Kollegen weit verworrener und in sich widersprüchlicher; doch statt ihre Ratlosigkeit offen einzugestehen wie Cage, übertünchen sie sie, so gut es geht.

Diese Verwirrung und diese Widersprüche weisen ja auch nicht auf eine subjektive Verirrung hin, sondern auf einen objektiven Tatbestand. Cage meinte, er resultiere daraus, daß er früher – so beispielsweise bei dem japanischen Zen-Buddhisten Daisetz Suzuki – bestimmte Dinge gelernt oder sich über bestimmte musikalische Erfahrungen geäußert habe, während er heutzutage über Unbestimmtes, d. h. über jegliches gesellschaftliches Phänomen, das sich seinem Bewußtsein aufdränge, rede und schreibe. Das aber will besagen, daß die gesellschaftlichen Mißstände, die er um sich herum wahrnimmt, so überwältigend an Zahl, an Verschiedenheit und an sozialer Relevanz und zugleich so zusammenhanglos sind, daß es für den Musiker John Cage keine Wahl gibt, denn sich als gesellschaftliches Wesen direkt mit ihnen auseinanderzusetzen, sie in Zusammenhänge zu bringen, wie immer schwer es auch sein mag. Diese als Konfusion im Denken und Handeln sich artikulierende Problematik, unter der Cage verhältnismäßig wenig leidet, weil sie ihn direkter zur sozialen Reflexion zwingt und er diesen Zwang zur gesellschaftlichen Reflexion gutheißt, ist die Ursache der allgemeinen Misere der Avantgarde-Musik; nur meinen zu viele unter Cages Kollegen immer noch, die Misere könne mit musikalischen Mitteln behoben werden.

Der fast unaufhebbar erscheinende Widerspruch zwischen den sozialen Einsichten intelligenter Einzelner – sei es Henry David Thoreau, der amerikanische Transzendentalist mit anarchistischen Neigungen aus dem 19. Jahrhundert, den auch Charles Ives sehr geschätzt hatte und dessen Werke Cage jüngst als Material eigener literarisch-musikalischer Kompositionen benutzt hat, sei es Buckminster Fuller, der zeitgenössische Architekt und futurologische Theoretiker aus dem amerikanischen Mittelwesten –, dieser Widerspruch zwischen singulären Gesellschaftsvorstel-

People's opinion of my music and also my thinking and writing and everything is either quite enthusiastically for it or quite violently opposed to it. And there doesn't seem to be an in-between.

Some of them take me quite seriously as a philosopher and say that I am really a good philosopher and an amateur musician. And then others who find my thinking rather absurd say, well, he's really not a bad composer but just an amateur philosopher.

If for instance you oblige me to get out SILENCE and read some passages from it, I find them very good and almost useful for me to read now, hm, therapeutically so or philosophically so. In other words, I rather admire my former thinking in many ways more than my present thinking. That may be because in going on I have tried to become open, particularly to social problems. And as you know, now, society as it is changed in China brings about a situation where my thinking is perhaps more confused than it was when I wrote many of the things in SILENCE. Much of what I wrote in SILENCE was a result of studying or the result of explaining work which I had actually done. In other words, I either knew what I was saying or I was studying, for instance, with Suzuki, and his thought of Zen Buddhism and so forth was being learned by me. Whereas now my confusion comes from the fact that I don't so much write about my work as I write about just anything that I notice. And I think that many people would agree with me that what can be noticed now is extraordinarily confusing.

One of the things that's so confusing to us here and so exasperating is that we don't lack good advice, say from (Henry David) Thoreau, say from Buckminster Fuller, but our government and the society as a whole pay absolutely no attention. Almost every intelligent person in the United States – I'm even willing to say: the American elite without exception – has spoken against the war in Vietnam and against other policies of our government. But just yesterday, turning on the TV, you have the news that the bombing has been increased there. We live in a state of confusion

lungen, die auf besserer Einsicht beruhen, und den vernunftlosen, aber ideologisch gerichteten Handlungen der Majorität und einer auf Wahrung der bestehenden Eigentums- und Herrschaftsverhältnisse eingeschworenen Regierung, die sich wie der veritable Gesamtkapitalist vorkommt und verhält, hat nicht erst John Cage mit dem Gedanken spielen lassen, dorthin auszuwandern, wo man es besser glaubt. Doch, gesetzt den Fall, es gäbe die ersehnte Sozialidylle irgendwo, wie kann man, sagt sich Cage, einem Land entkommen, dessen Produkte und Einflüsse allenthalben Markt und politisches Verhalten bestimmen? Zu schweigen von dem Verrat, den man an den Besten im eigenen Land beginge! Man kann sich nicht aus der Gesellschaft wirklich ins Private zurückziehen.

Denen, die sich darauf berufen, es gebe in den USA auch vorteilhafte Dinge wie das Erziehungssystem oder den Naturschutz, hält Cage entgegen, daß gerade dies letztere besonders harmlose Beispiel, der Naturschutz, beweise, in welchem Maß kapitalistische Profitgier und Fortschrittssucht alles zerstört habe, was nicht den kapitalistischen Interessen dienlich sei. Selbst die Natur sei infolgedessen dermaßen zerstört worden, daß man nun, was an Rudimenten noch von ihr übrig, in ein Museum verwandeln müsse, solle es nicht vollkommen verschwinden.

Es gibt, sagt Cage, überhaupt nichts in Amerika, dessen man sich nicht schämen müsse. So haben auch Ivan Illich und Jahrzehnte früher der amerikanische Soziologe Thorstein Veblen das amerikanische Erziehungssystem in seinen Grundzügen aufs Schärfste kritisiert. Cage meint, die Fassaden der Universitäten signalisieren bereits ihre totale Dekadenz. Der Kapitalismus und seine Vertreter, die in den Aufsichtsgremien der Universitäten über die systemkonforme Verwendung der Gelder wachen, haben das amerikanische Erziehungssystem total korrumpiert. Heute besucht man eine Universität nur noch mit dem Ziel, einen akademischen Grad zu erwerben, der einem im Geschäftsleben größere Chancen vermitteln soll. Ivan Illich hingegen, ein in Mexiko lebender Erziehungstheoretiker von internationalem Renommée, versteht Erziehung als eine unaufhörliche conditio des gesamten menschlichen Lebens, für die es keinen Abschluß geben kann. Und wie für Illich oder Fuller hat auch für Cage das Leben nur Sinn, solange man etwas lernt. Diese bislang nur unter Wenigen verbreitete Überzeugung bringe mehr und mehr Menschen zu der Ansicht, unser wahres Geschäft sei die Revolution. Und es sei hinzugefügt, daß der Begriff Revolution für Cage primär die Bedeutung von Lernprozeß hat. Mit jedem seiner musikalischen Produkte hat sich Cage um die Entzündung neuer Lernprozesse bemüht

which is now increased by the prevalence of robbery in our cities due to the affliction of perhaps an entire generation or several generations with the dope problem.
The situation is frightful, absolutely frightful. On top of which you then wonder: what can I do. Shall I remain in America, shall I leave the country? But when you leave or have even the thought of leaving, you realize that you are being faithless to the best in America: Buckminster Fuller for instance who insists that we live in the world. There is no way to throw yourself out of America. In fact, wherever there is Coca Cola, and there's Coca Cola perhaps everywhere except in the People's Republic of China, you have America.

Now, people will tell you that there are good things being done in America, and they will point to the educational system or to the hospitals or to the insane asylums or to the National Wildlife Preserves. Well, now just take one of them which would seem to be the most innocent, the National Wildlife Refuges. What has happened there, is a confession that nature has been ignored by our search for money and industry and progress and so forth. So that in order to have any of it left we must put a fence around it, hm. Then, if you notice when you go to those places, with very few exceptions you are not allowed to treat nature as man traditionally treated it. You can have no relation to it except that of audience. In my last text I refer to the National Wildlife Refuges in the United States as the museumization of nature.

So we have nothing in this country that we can be unashamed of. Our educational system itself has been brilliantly and scathingly criticized by Ivan Illich. And even 25 or 30 or 40 years ago Thorstein Veblen noted that the universities in the United States are examples of complete decadence. You can tell this from the façades of our universities which are costly.
The whole thing is an attempt on the part of the trustees of the university to accumulate virtue in relation to their crimes of having made the money which produces the university, you could say, plus many other things. The deep involvement of our educational system in our capitalistic system, that is to say, you go to school not to learn but in order to get a degree which will permit you to enter into a job, into a business situation, so that the moment you graduate from college what it means is that you no longer have to learn anything. Whereas, as Illich has pointed out, education is of no value unless it continues through life. And this is what Fuller has also pointed out that we must not graduate, we must go on studying. That this is the proper life. But nowhere in America do you find these things understood in a way that is good except among individuals. And this is why not only I but now many, many more people say that our proper business is revolution.

und insofern Revolution betrieben. Seine »Construction in Metal« hat einen dieser langwierigen Lernprozesse stimuliert; zu welchen Konsequenzen er geführt hat, ist der gesamten zeitgenössischen Musik anzuhören, aber auch, daß er noch keineswegs seinen Abschluß gefunden hat, obschon seitdem viele andere musikalische Lernprozesse in Gang geraten sind, an denen Cage sehr häufig ebenfalls als Initiator beteiligt gewesen ist.

»Construction in Metal« ist 1937 komponiert worden. Als es im Mai 1958 in der New Yorker Town Hall vom Manhattan Percussion Ensemble aufgeführt wurde, hat es auf das Publikum gewiß kaum weniger revolutionär gewirkt als bei seiner Uraufführung 21 Jahre zuvor. Obzwar die Lernprozesse, die dieses Werk und andere Cage-Werke ausgelöst haben, unverkennbar sind, meint Cage, daß im größeren gesellschaftlichen Zusammenhang betrachtet weder ein solches singuläres Stück Musik noch die Musik überhaupt etwas Relevantes zu bewirken vermöchte. Die Frage ist: was könnte denn die längst überfällige Veränderung der Gesellschaft bewirken? Und Cage stellt sich auch die andere Frage, warum Revolution, statt als ein Gesamtkomplex differenzierter Lernprozesse die Verhältnisse ebenso wie das Bewußtsein der Menschen zu verändern, immer wieder dazu tendiert, in Machtkämpfe zwischen Gruppen auszuarten, die unterschiedliche Partikularinteressen vertreten.

Ob freilich Maos Beispiel des langen Marsches oder Gandhis Beispiel des passiven Widerstandes oder die Bürgerrechtsbewegung, wie sie Martin Luther King repräsentiert hat, geeignet wären, der sozialen Veränderung in Amerika einen praktikablen gewaltlosen Weg zu weisen, das hält Cage inzwischen selbst für Wunschdenken.

I'm very sad, and this is a source of confusion for me, I'm very sad to see throughout our society now a struggle for power.
Instead of this struggle for separatist power, we should recognize as Mao did in China that there was a serious problem that required an intelligent solution. Well, he said that it involved power but the expression of power that I think was the most effective in China on Mao's part was the long retreat which is remarkably like something that Martin Luther King might have proposed or Gandhi. (Helms: Do you think that a non-violent revolution in the US could be successful?) I think so. When I say I think so you have to realize it's wishful thinking.

There is very often in my recent work a sense of theatre, that is to say, an inclusion of what will be seen, not only of what will be heard, and often the performances include things that seem pointless or humurous to audiences because as with the sounds the theatre is chance-determined and often in ways that are not determined by me but are a result of the performers' actions, so that people who expect to hear something in my music are often put off by that inclusion of the theatrical, just as people who going to one of my lectures expecting to hear something about music, hearing something about Mao or mushrooms, think that they somehow made a mistake in coming to the lecture. But all of this arises from my conviction which I've had now for 25 years, I suppose, since my serious involvement with oriental thought, when I asked myself why do we write music, I came to the conclusion initially that it was in order to produce a revolution in the mind, and that now I would say it could be or hopefully would be, and yet I've just been sceptical about that, it could further the revolution in the society.

Aber wie immer die revolutionäre Perspektive auch beschaffen sein mag, Cage ist nicht der Meinung, er dürfe deswegen seine subjektiven Bemühungen einstellen.

Wenn ob der Verschlechterung der interindividuellen Kommunikationsverhältnisse die Chancen der Musik, neue und notwendige Lernprozesse in Gang zu bringen, geringer werden, wenn Cage darob sein Reden wie sein Musizieren als zunehmend sinnloser vorkommt, weil immer weniger Individuen zuzuhören wissen; hat Musik dann noch irgendeine Funktion? Wird es der Normalfall werden, daß Menschen in ein Konzert gehen und ebenso dumm wieder herauskommen, wie sie es zuvor gewesen sind? Oder wird es in einer sozial modifizierten Zukunft wieder ein erneuertes Bedürfnis für Musik geben? Cage glaubt an die Zukunft der Musik und präzisiert: es werde künftig nicht eine bestimmte Musik geben; es werde vielmehr alle möglichen Arten von Musik geben, weit über das hinaus, was er sich vorzustellen vermöge.

John Cages Komposition »Dream« aus dem Jahre 1948 zeigt eine der vielfältigen Tendenzen in seinem Œuvre, Tendenzen, die einander nicht ausschließen, gar im Sinne eines linearen Fortschrittsbegriffs. So hat es für John Cage auch stets – und dafür mag »Dream« als Beispiel einstehen – keinen Zweifel gegeben, daß es neben höchst komplexen musikalischen Konstruktionen eine Berechtigung für sehr simple Konstruktionen gibt, die deshalb keineswegs trivial sein müssen. Wenn er glaubt, die künftige Musik werde Raum für sehr unterschiedliche Tendenzen haben, so gibt sein Lebenswerk einen kleinen Eindruck von der Vielfäl-

All I do is speak and write, and we already know that speaking and writing has no influence.
(Helms: Has music influence?)
Music less. Play any music you like for two people and then talk to them afterward and see what went on in their heads.
(Helms: Is this because music lacks semantics?)
It may be that and it may be because people don't know how to listen, that they haven't even thought what music could be or what it could do to them.
I think that people can easily go to a concert and come away just as stupid as they were when they went in.

When I think of a good future it certainly has music in it but it doesn't have one kind of music. It has all kinds. And it goes beyond anything that I can imagine or describe.

I would like any kind of music because people have different needs. And some music, for instance, which would not be useful to me at all might be very useful to someone else. I have little need for jazz, I can get along perfectly well without any jazz at all. And yet I notice that many, many people have a great need for it, and who am I to say that their need is pointless.

tigkeit, zu der zeitgenössische Musik fähig ist, wenn sie mit Vernunft betrieben wird. Zugleich gibt Cage damit jüngeren Kollegen eine Antwort auf die Frage: wie könnte eine Musik beschaffen sein, die ihre gesellschaftliche Utilität nicht hinter einem ästhetischen Geheimnis verbirgt. Wohlgemerkt, Cages »Dream« ist eine mögliche Antwort, beileibe nicht die einzig richtige.

Weitere Ausschnitte aus diesem Interview mit ergänzenden Informationen über Cages Arbeit und Denken gibt es als Tondokument auf einer Schallplatte in der Kassette »Music Before Revolution« (Electrola 1 C 165—28954/57). Die Kassette enthält Stücke von John Cage, Christian Wolff, Earle Brown, Morton Feldman und Toshi Ichiyanagi in teils exemplarischen Interpretationen des Ensembles Musica Negativa.
Das im Text erwähnte Konzert in der New Yorker Town Hall, das die Maler Bob Rauschenberg und Jasper Johns und andere Freunde am 15. Mai 1958 Cage zu Ehren veranstaltet haben, ist komplett mitgeschnitten worden und ist als 3-LP-Kassette mit dem Titel »The 25-Year Retrospective Concert of the Music of John Cage« zum Preis von $ 25.— von George Avakian, 285 Central Park West, New York, N. Y. 10024, USA, zu beziehen. Die Kassette vermittelt einen vorzüglichen Überblick über John Cages Musik aus den ersten 25 Jahren seiner musikalischen Aktivitäten.

Daniel Charles

La paume (de) la dent

Aufzeichnungen über Cage und das Vergessen

Für Indilia

In der »Kleinen Anatomie des Bildes« wählt Hans Bellmer dieses Beispiel: ich habe Zahnschmerzen, ich balle die Hand zur Faust, die Fingernägel dringen in die Handfläche ein. Zwei Drangsale. Kann man sagen, das Tun der Hand repräsentiere das Leiden des Zahns? Was ist das Zeichen dafür? Waltet im Verhältnis der einen zu der anderen Position Irreversibilität, folglich Hiërarchie, hat die eine Körperstelle Gewalt über die andere? Für die anatomische und physiologische Wissenschaft, für die *Re*flexologie wie für jede *Re*flexion: ja, offensichtlich. Für die Bewegung der Libido: nein; der erotisch-morbide Körper vermag in allen Richtungen zu funktionieren, er kann von der Verkrampfung der Hand zu der des Kiefers gelangen, von der (wahnhaften?) Befürchtung eines Vaters oder einer Mutter zur (realen?) Fettsucht oder zum (realen?) Magengeschwür. Solche Reversibilität im Verhältnis A zu B ist das Vorspiel der Zerstörung des Zeichens, der Theologie, vielleicht auch der Theatralik.

Jean-François Lyotard, Des dispositifs pulsionnels, Paris ,U.G.E., coll. 10/18, 1973, p. 96.

1
Es sei die Fortschreitung von einem Ton A zu einem Ton B gegeben. Ist man verstimmt und sagt, B »folge« aus A – zum Beispiel harmonisch –, so subordiniert man B unter A und verliert die *Intensität* von B.

2
Die Gleichheit der zwölf Töne in der Dodekaphonie verweist (unter anderem) auf das Ideal einer Dehiërarchisierung des Verhältnisses B zu

A. Dennoch hat, von Schönberg bis Boulez, die Verallgemeinerung der Reihe zu einer Wiedereinführung der Hiërarchie – oder von Ersatzformen für diese Hiërarchie – geführt. In der Lexik von Deleuze-Guattari ausgedrückt: von Werken = Bäumen (»Baumwerken«) ist man nur zu Werken = Würzelchen (»Würzelwerken«) fortgeschritten. Man drang nicht bis zu den Wurzelstöcken (Rhizomen) vor, man stellte sich dem *Vielfachen* nicht wahrhaft.

3
Dem Pluralismus, einer Stellung zum *Vielfachen*, kann man in den Vereinigten Staaten begegnen. Reden wir also englisch, oder amerikanisch: das Verhältnis A zu B ist *one/one*. Das Verhältnis *one/many* ist zwar »atonal«, desgleichen das Verhältnis *many/one;* aber dieser »Atonalismus« verweist stets auf eine Subordination unters *one* zurück, selbst wenn dieses *one* als nicht-existent gesetzt wird. Man mag es als nicht-existent behaupten – *doch man erinnert sich seiner.* Das »offene« Werk *bewahrt die Erinnerung des Einen:* würzelchenhaft bezeugt es schlicht, daß die Vielheit allemal zum *Ersatz der Einheit* taugt.

4
Was wäre in der Musik ein Verhältnis *many/many?* Eine *Pantonalität*. Heinz-Klaus Metzger lehrte uns einst – in einem Text, den *die Reihe* unvorsichtigerweise zur Veröffentlichung annahm –, daß einzig Cage dies riskierte.[1] Wahrheit dieser Formel: wenn rhizomatisch denken, mit Wurzelstöcken oder -stöckchen komponieren, soviel heißt wie durch Subtraktion der Einheit vorgehen, also gemäß n-1 verfahren, dann allerdings vollzieht Cage in der Tat jenes *Vergessen des Einen*. Er fügt seine Partituren hintereinander und übereinander, er juxtaponiert und superponiert »Töne« und »Geräusche«: er dividiert-vervielfacht. Aber dividieren-vervielfachen heißt auch – und es ist seltsam, daß niemand dessen gewahr wurde – mit dem Einen brechen, und daher mit dem ganzen Neuplatonismus, mit der ganzen abendländischen Tradition des »Komponierens«. Wenn Kagel in seiner latino-zähneknirschenden Art verkündet: *Decomposito est,* was anderes zieht er damit als eben die Konsequenz aus der Cageschen Epiphanie des Multiplen?

5
Indes ist diese Bewegung nicht indifferent, wenn man ihren Auswirkungen auf die Theorie der Zeit nachspürt. Gewiß, man mag allemal – wie die *International stylists,* von denen Dick Higgins spricht – physikalische und musikalische Zeit miteinander verwechseln: für Stockhausen oder Boulez »vergeht die Zeit«, sie läßt sich in Abschnitte einteilen, sie verleiht den Klangereignissen ihre Reihenfolge und so fort ... Der Akade-

[1] Cf. die Reihe 5 (amerikanische Ausgabe: Theodore Presser & Co., Bryn Mawr, Pennsylvania, 1961, p. 24).

mismus ist um Wissenschaftlichkeit bemüht, er berücksichtigt nur die Zeit *one/one* oder die Zeit *one/many* – *many/one* – baumhafte oder würzelchenartige, jedenfalls extensive, einem rechnenden Memorieren angepaßte Zeiten –, meidet hingegen mit Sorgfalt die bloße Erwähnung des »temps de présence« (Henri Maldiney), der *intensiven* Zeit, der Zeit *many/many:* der Zeit des Wurzelstocks oder des Vergessens.

6

Was aber ist *extensive* Zeit? Zeit des »parametrischen« Maßes, Zeit der Abfolge der »Jetzts«. Man kann da umstandslos Heidegger und Lyotard miteinander paaren: vom Standpunkt einer solchen Zeit aus »ist« das Vergangene nicht, es ist nur negativ (als ein »nicht mehr«), es bringt keine Bekundung von Anwesenheit, keinerlei Intensität ein. Entsprechend ist die Zukunft »noch nicht«, sie wird als abwesend behandelt. Und im Namen derselben Negation von Anwesenheit, namens desselben Nihilismus, wird vollends der Gegenwart ein Existieren nur als *Träger* (carrier) zugestanden: Xenakis heißt sie eine »Schiefertafel«, *auf die* man die »zeitlosen« Verhältnisse eintrage. Diese »extensive« Zeit, welche man à la Boulez aufrauhen, glätten, rastrieren, mit Streifenmustern überziehen kann, ist leicht mit Hilfe eines Gedächtnisses einzufangen, das im alleinigen Primat der *Gegenwart* seine Achse besitzt und vergißt, wie das Vergangene als *Vorstoß von Präsenz* zugegen ist, nicht anders als das Künftige und schließlich das Gegenwärtige selber – was freilich die »Konditionierung« der drei Dimensionen durch eine vierte ebensolche bedeutet, nämlich durch die der *Präsenz* (nicht des Präsens) oder der *Intensität* – eine »vierte Dimension«, die – de jure oder de facto – »früher« als die drei anderen ist, indem sie ihre *Voraussetzung* abgibt. Einzig der *Aufenthalt* in dieser Dimension restituïert die Fülle der Intensität der Musik, des Lebens. Doch bedarf es dazu einer Konversion und vielleicht einer Revolution.

7

Wenn Boulez zwischen »glatter Zeit« und »rastrierter Zeit« dergestalt unterscheidet, daß man im ersten Falle »die Zeit besetzt, ohne sie zu zählen«, derweil man im zweiten »die Zeit zählt, um sie zu besetzen«, so macht er sich zum Barden der extensiven Zeit. »Das Postulat«, sagt Henri Maldiney, »ist hier, daß man ›die Zeit besetzt‹. Indes verlangt die Genese der Formen und Rhythmen das Gegenteil: daß Zeit in jedem musikalischen Ereignis-Geschehen *impliziert* sei; daß Musik Entstehung (Zeitigung) jenes Gegenwärtigen (Anwesenden) sei, welches die *durch keine Universumszeit konturierbare* Präsenz-(Zugehörigkeits-)Zeit (temps de présence) ist.«[2] Nein, man »besetzt« die Zeit niemals: Cage jedenfalls führt uns zu den Antipoden jener Mentalität von »Okkupan-

---

[2] Regard Parole Espace, Ed. L'Age d'Homme, 1973, p. 160, Fußnote.

ten«. Die »Besetzung« der Zeit ist das Ergebnis der extensiven Zeit, durch welche man von A zu B linear fortschreitet, was wiederum die Möglichkeit eröffnet, die Gesamtheit der solchermaßen durchmessenen linearisierten Strecken in eine Lagerhaltung im Gehirn einzubringen, die ein *System bildet,* will sagen: sich *kapitalisieren* läßt. Etwas völlig anderes hingegen erscheint mit der Zeit *many/many*, mit dem, was die Amerikaner *texture* nennen; wir wollen es als eine Delinearisation umschreiben. Statt daß die Zeit als »vierte Dimension« sich als *Fließendes* oder *Strömendes* darstellte, statt daß sie »verginge« (à la Stockhausen), *ist sie nicht.* Sie *existiert* nicht, sie ist *nichts.* »Produktion ohne Aufschrift«, sagt Lyotard in der »Economie libidinale«: reine Textur von Intensitäten, unzuweisbar, vor »den« inventarisierbaren, auflistbaren und addierbaren Zeiten. »Natur, die mehr Zeit als die Zeiten ist«: so ungefähr sagt Heidegger, Hölderlin kommentierend; solche Vor-Zeit, Rück-Zeit (Vergessen, keine Erinnerung) entzieht sich der Akkumulation, der Kapitalisierung, der Akkumulation des Kapitals – und infolgedessen den »drei Zeiten« der Dialektik.

8
Zeit oder der Augenblick ist nicht selbst *gegenwärtig* sondern *unterwegs*: sowohl *vergangen* als *künftig*. So wächst dem Eingedenken ein definitiv *ironischer* Aspekt zu: Cages »Renga with Apartment House 1776« streckt allen Musiken »à la mémoire de« die Zunge heraus. Halten wir uns an das Programm des Lincoln Center, *Stagebill* IV Nr. 3, 35. Saison, 8979. Konzert und folgende, ausgeführt vom New York Philharmonic unter der Leitung von Pierre Boulez am 4., 5., 6. und 9. November 1976. Der Text, John Cage selber zu danken, enthält folgende Angaben: die Partitur von »Renga« ist »graphisch«, sie besteht aus 361 Zeichnungen von Thoreau, die auf »westliche« Art von links nach rechts zu lesen sind, die vertikale Dimension bezeichnet die Höhe (Frequenz), die horizontale die Dauer; diese 361 Zeichnungen sind auf 78 verschiedene Stimmen verteilt, deren jede in zwei oder drei Farben koloriert wurde, »um Wechsel von einem Instrument zum anderen oder Übergänge zur Benutzung des eigenen Vokalapparates oder Änderungen in der Spielweise des betreffenden Instruments zu suggerieren«. Resultat: eine »fehlende Spezifikation«, so fährt Cage fort, die es »ermöglicht, Instrumente anderer Kulturen und Epochen zu verwenden; beispielsweise aus dem Amerika des 18. Jahrhunderts stammende; und wie das Stück wirklich klingen wird, kann man sich nicht vorstellen, bevor man es nicht effektiv spielt.« – Auf die Gefahr hin, uns einer jener »zügellosen philosophischen Spekulationen« hinzugeben, die der Meister der Stuttgarter Schola Cantorum, Dr. Eroticus Gottwald, rechtens so sehr verdammt, wenn es um John Cage geht[3], konstatieren wir, daß in »Renga« die *Vergangenheit*

---

[3] Fragments d'une analyse de »Song Books«, in: La musique en projet (»Le premier livre de l'IRCAM, Direction Pierre Boulez«), Paris, Gallimard, 1975, p. 117.

(das Amerika des 18. Jahrhunderts) als *Zukunft* herbeizitiert wird (und zwar in der Perspektive dessen, was Cage seit langem »*experimental music*« nennt: es ist eine Musik gemeint, bei der niemand, nicht einmal der Komponist, Voraussagen über welche »Zukunft« auch immer machen, nämlich nicht präjudizieren kann, was »passieren« wird); daß folglich dieses *Vergangene* berufen ist, mit einem *Künftigen* zu koëxistieren, welches (soviel ist immerhin sicher) niemals existiert hat (das »Objekt« der *experimental music,* oder besser: ihr Spieleinsatz, ist es diesesfalls, Instrumente des 18. Jahrhunderts mitten im 20. Jahrhundert »in Situation zu setzen«; wobei, nebenher bemerkt, diese In-Situation-Setzung eher suggeriert als gefordert wird – es ist nicht John Cages Brauch, seinen Zeitgenossen Befehle zu erteilen). Die *Zukunft* einer solchen *Vergangenheit* wird als »experimentelle« nicht *aktuell* (»jetztzeitig«) sein können: unter dem Aspekt der Vergangenheit ist sie überhaupt nicht visierbar; und treten wir in sie ein, so müssen wir (frei) aus unseren kulturellen Angeln springen und ein Immemorial eher denn ein Memorial visieren... Vergangenes und Künftiges erschienen dann beide nicht als Funktionen des Gedächtnisses, das sich das Vergessen als eine seiner unglücklichen Möglichkeiten oder Fehlleistungen subordiniert – sondern als Funktionen eines primären, radikalen Vergessens, welches sich sehr wohl die Erinnerung unterwirft und für welches das *établierte* Faktum (das zu memorierende Ereignis) bloß noch lachhaft, ja streng fiktiv wäre. Solches Vergessen zwingt die Erinnerung zum *Imaginieren:* es macht aus ihr einen Vektor von Utopie.

9
Wir gehen damit von Lyotard und Heidegger zu einer Problematik über, welche einzig Ernst Blochs Lexik, so dünkt uns, zu illustrieren vermöchte. Denn warum eigentlich entschied Cage sich dafür, Zeichnungen an Stelle einer herkömmlichen musikalischen Schrift zu verwenden? Besteht eine Beziehung zwischen der Wahl von Zeichnungen und der intensiven Zeit? – Es genügt, auf Bellmer, die Handfläche und den Zahn zu sinnen. Von der Handfläche zum Zahn waltet eine einwandfreie Konsequenz: weit gefehlt, daß der Schmerz der Handfläche den des Zahns nachahme oder reproduziere, macht er ihn vergessen. Stroboskopie der Effekte: sie zirkulieren. Und indem sie zirkulieren, ändern sie sich. Der Zahn der Handfläche? Die Handfläche des Zahns? Der Genitiv ist zuviel. Die Handfläche, der Zahn. Zwei Regionen, und zwar distinkte. Aber *nicht* besetzte: *un*besetzte. Lediglich durchlaufene, durchquerte. »In der abendländischen Tradition«, sagt Cage, »sind Töne musikalisch, wenn sie hinsichtlich ihrer charakteristischen Eigenschaften determiniert sind. In den volksmusikalischen und orientalischen Traditionen hingegen sind sie musikalisch, wenn sich ihre Höhe und ihre Qualität während ihrer Hervorbringung verändern. Die graphische Notation suggeriert solche Veränderungen.«

10

Man kann über diese »Veränderungen« streiten. Für Boulez etwa wäre – im Gegensatz zu den Folgerungen, die Ozawa gezogen hat – eine Aufführung von »Renga« schlechterdings mit keinem *Glissando* zu versöhnen oder ihm anzubequemen (welches ja, wie jedermann weiß, eine eminent *orientalische,* infolgedessen suspekte, ja sündhafte Handlung ist, die unseren Orchestern nicht erlaubt sein kann . . .) Es bleibt nichtsdestoweniger dabei, daß Cage ein *Nomadisieren auf der Stelle* entworfen hat, das nicht einmal bloß im Verbot der vorherigen Festlegung der Charakteristiken jedes einzelnen Tons besteht. Die »Veränderungen« betreffen nicht allein das Hervortreten des »Experimentellen«: vielmehr folgt aus dem, was wir bereits ausführten, daß das *Unterwegssein* eines Klangs ihn dazu befähigt, demjenigen, der ihn beobachtet, so zu erscheinen, als sei er in der Vergangenheit sowohl wie in der Zukunft »geortet« – und zwar *zugleich,* im Sinne der Äquitemporalität = *»Gleichzeitigkeit«* –; dann aber ist der »Ort«, den er »besetzt« (oder »besetzen« sollte, wenn wir einem Boulezschen Régime unterworfen wären), keinem »hier«, keinem »dort«, keinem »jetzt« zuweisbar. Man hat gesagt, daß der *Augenblick,* der hier ins Spiel tritt, nicht der *gegenwärtige Augenblick* sei. Eben diese Unterscheidung bedarf aber der Erläuterung: denn jeder *gegenwärtige* Augenblick ist *kritisch* insofern, als er Vergangenheit und Zukunft ausschließen muß. Der *nicht kritische* Augenblick hingegen, der *affirmative* und *intensive,* »liegt« der Gegenwart wie der Vergangenheit und der Zukunft »zugrunde«, es ist ihm eine Stabilität ohne Datum und Ort eigen: die der Entfaltung aller Dimensionen der Zeit *zugleich* – ohne daß eine von ihnen primär wäre. Und auf dem Niveau dieser *Stabilität* und *Ruhe* der Zeit als solcher wird man wohl, so will es uns scheinen, die Rolle dessen erfassen müssen, was Cage »Veränderungen« nennt.

11

»Veränderungen«, »Music of Changes«, es ist ein Plural. Der Augenblick aller Dimensionen der Zeit zugleich – wie sollte er nicht mehrfach sein? Es fehlen ihm Datum und Ort, er läßt sich nicht zernieren: er »lehnt« keine Identität »ab«. Unmöglich, ihn irgendeinem (An-)Gedenken, welches es auch immer sei, zu widmen. Hören wir darüber Pierre Bertrand, den auf diesem Felde »bohrendsten« Philosophen: »Vergangenheit und Zukunft sind nicht im Augenblick in der Weise gleichzeitig, als wären sie zwei Gegenwarten: eine, die war, und eine, die sein wird. Gleichzeitig sind sie vielmehr genau als niemals gegenwärtige Vergangenheit und als niemals gegenwärtige Zukunft, als Vergangenheit, die der Zukunft bereits zeitgenössisch ist, und als Zukunft, die noch der Vergangenheit zeitgenössisch ist . . ., was den Augenblick eigentlich verzerrt und ihn nötigt, sich in sich selber zu multiplizieren. Ein Augenblick besitzt Einheit einzig dadurch, daß er eine Vielfachheit, eine Vielheit ist. Das Singuläre am Augenblick ist, daß es ihn nur im Plural gibt: *ein* Augenblicke. Es läuft auf dasselbe hinaus, ob man von Gleichzeitigkeit der Vergangenheit und der Zukunft im Augenblick oder von Gleichzeitigkeit der Augenblicke selber spricht.«⁴ Und wo sind die »Veränderungen« zu finden? – »Da es eine Multiplizität von Augenblicken gibt – oder jeder Augenblick eine Multiplizität ist –, kann man sagen, daß jeder Augenblick vorbeigehen muß, damit die anderen kommen können. Niemals kann sich ein Augenblick ›établieren‹, niemals sich ›situüeren‹. Unaufhörlich muß er entschwinden oder, was aufs gleiche herauskommt, er muß ohne Unterlaß kommen, er muß ununterbrochen gleichzeitig vergehen und kommen, ›schon vorbeigehen und noch komken‹. Der Augenblick geht und kommt, und da er in Simultaneïtät mit den anderen Augenblicken geht und kommt ... kann man sagen, er ›kehre wieder‹, doch nimmer in die Gegenwart, sondern in eine Zeit, die selber zugleich vergangen und künftig ist.«⁵ Agitation im Gleichzeitigen, stets *im Gang* befindliche Umwälzungen, »Veränderungen« dividieren-vervielfachen »den« Augenblick.

12
Die »Veränderungen« sind im Cageschen Text intensiv, nicht nach extensiver, meßtechnischer, akustischer Manier, aufzufassen; freilich geht das eine nicht ohne das andere, ist doch das Intensive die »verborgene Seite« des Extensiven – darüber kann man sich in der »L'Economie libidinale« unterrichten ... Aber das Wesentliche ist die *Geschwindigkeit*. Als die eigentliche Dimension der »Veränderungen« schließt die Geschwindigkeit die Einteilung der Zeit in Vergangenheit, Gegenwart und Zukunft kurz; sie ist sozusagen der Ruhe- und Schweigezustand der Intensität. »Sich beeilen«, sagt Pierre Bertrand, »um aus der Gegenwart herauszukommen, die Kruste der verewigten Vergangenheit durchflitzen, von der Vergangenheit, die aus Vergessen besteht, in die Zukunft fallen, die auch aus Vergessen besteht, dann den Weg ohne jeden Aufenthalt bei Gegenwart, Vergangenheit und Zukunft wiederholen – mit der Geschwindigkeit des Vergessens.«⁶ Die Gegenprobe beschreibt Lyotard, wenn er die Zeitigung der Zeit, der drei Dimensionen der Zeit, durch Verlangsamung und Verlust der Geschwindigkeit der intensiven Schranke zeigt: »Mit dieser Verlangsamung beginnt auch die *Zeit*: das nach und nach, die Wiederholung, damit auch die Erwartung und die Erinnerung, die Synthese von jetzt, noch nicht und nicht mehr, die immer aufs neue geleistet werden muß, weil jene zeitlichen Pole ›nunmehr‹ auseinandergehalten werden, so daß sie wieder zusammengesetzt – komponiert – werden müssen, was sie gerade voneinander trennt. Montage sowohl

---

⁴ L'oubli, révolution ou mort de l'histoire, Paris, PUF, 1975, p. 104.
⁵ P. Bertrand, loc. cit., p. 104—105.
⁶ Loc. cit., p. 105.

der Szene als auch der narrativen Zeit ... Der Begriff, die Zeit, die Negation, die Ambivalenz kommen mit der Schwächung der Intensitäten.«[7]

13

Jener Geschwindigkeit und dem ihr inhärenten Pluralismus treu, suggeriert schon der Titel der mit »Renga« verschwisterten Partitur, »Apartment House 1776«, »ein aus mehreren Wohnungen bestehendes Gebäude« und verweist, so Cage, »auf den Sachverhalt, daß eher mehrere Dinge als nur eines im selben Augenblick zusammenzutreffen pflegen«. Doch steht am Anfang solcher Fügung der Abzug, das Vergessen: der Komponist müht sich nicht, Klänge zusammenzutragen, versucht nicht einmal, die Produktion neuer Klänge zu favorisieren, sondern begnügt sich damit, »Subtraktionen« (durchs I-Ging ausgeführt) »von Musiken, die man zur Zeit der amerikanischen Revolution hätte hören können«, zu regruppieren. *Subtraktionen:* gewiß, die Macht von Kunst beruht oft auf dem, was sie in sich zurückhält, es mag geschehen, daß uns ein Werk weniger durch das berührt, was es auf die Welt bringt, als durch das, was es aus ihr fortnimmt. Aber bei Cage ist es schließlich die Huldigung an die amerikanische Revolution selber, die defektiv wird. Hüten wir uns, darin eine »Arbeit des Negativen« zu suchen: diesseits von Subjektivem und Objektivem samt ihrer Unterscheidung reißt Cage Fetzen von Musiken des 18. Jahrhunderts aus ihrer Zeit heraus, um sie in eine unzuweisbare Zukunft zu projizieren; diese Fetzen sind enttheatralisiert, entdramatisiert, enthistorisiert und ihrer »mise en scène« entkleidet: kraft der Schnitte, die in den Stoff der Erinnerung und der Geschichte hineingeführt wurden. »Apartment House« hat die Funktion, »Geschichte niederzuwalzen«: es offenbaren sich nicht-lokalisierbare Kräfte und Einzigkeiten, uneinholbar sich bewegende Erscheinungen »reiner« Intensitäten. Die Technik der *Entleerung* verbietet es, die Vergangenheit in dem Sinne »anzuerkennen«, daß eine derartige »Anerkennung« zur Voraussetzung einer Therapie würde: in eben diesem Sinne ist »Apartment House« keine Musik der Ewigen Wiederkehr, und Cage ist nicht Bizet; vor allem aber hat Cage niemals die Psychoanalyse verdaut, und hier treten die Gründe ans Licht: Wiederholung und Wieder-zur-Erinnerung-Bringen bewirken bei Freud nie etwas anderes als die Verjagung des Vergessens, die Verdrängung des Vergessens im Namen des Gedächtnisses; indes eine Wiederholung und ein Wieder-zur-Erinnerung-Bringen, die nicht länger im Dienst des Gedächtnisses sondern endlich in dem des Vergessens stünden, es wohl vermöchten, dem Unbewußten seine wahre Weise und Art zurückzuerstatten, welche die einer *Fabrik*, nicht die eines *Theaters* ist.[8] Defektion = Abtrünnigkeit und Defektivität, Sub-

---

[7] Jean-François Lyotard, Economie Libidinale, Paris, Ed. de Minuit, 1974, p. 35.
[8] Die Formulierung stammt aus »L'Anti-Oedipe« von G. Deleuze und F. Guattari; wir zitieren sie hier jedoch im Hinblick auf eine mögliche Konvergenz mit Ernst Bloch. Näheres bei Catherine Piron, Anthropologie marxiste et psychanalyse selon Ernst Bloch, Paris, Payot, 1976, p. 116.

traktion und Subtraktivität bedeuten aber nicht nur, daß Cage »dekomponiert« oder nach *n-1* komponiert; diese Operationen sind *positiv*, sie autorisieren die indefinite und bewegliche Vorzeichnung vielfältiger *Fluchtlinien*, die sich mit Wiederholung insofern vertragen, als diese außerhalb der Erinnerung, außerhalb der Tributpflicht an das *Imperium* des Gedächtnisses, ergriffen wird. Gewiß werden einem da unter anderem die *Märsche* aus dem »Drum Book« von Benjamin Clarke (1797) in der Bearbeitung von James Barnes vorgespielt, nur: die Defektivität transfiguriert das Wiederholte, es gibt nichts *wieder*zuerkennen, es wird nichts mehr *re*-präsentiert, man befindet sich nicht länger im Theater. Die Realität, welche die Musik *präsentiert*, hört damit auf, bloß Exponent der datiertverewigten Vergangenheit zu sein. Es handelt sich um keine établierte, vorweg établierte, erzwungene, vorweg erzwungene Realität. »Widerpart aller ausgemachten Wirklichkeiten, öffnet die Ekstase die Pforte einer künftigen, radikal neuen Wirklichkeit, die aber in der Tiefe der Vergangenheit und der Gegenwart, von ihnen verdrängt, bereits existiert.«[9]

14
Der Komplex »Renga with Apartment House 1776« erheischt nicht nur eine Überprüfung des *Traditions*begriffs in der Musik, sondern eine Verfeinerung der Perspektive, welche Musik auf *Utopie* überhaupt eröffnet. Weit gefehlt, daß das Vergessen, wie Cage es praktiziert, zur Vernichtung des Vergangenen führte, *bestätigt* es im Gegenteil dieses Vergangene – jedoch einzig insofern, als dies Vergangene nicht das der Verewigungen und der Ordnung ist, sondern im Gegenteil das der Vielheit, der Menge und der Plebs, das *der Vergessenen*. Daher ist die Zukunft, in welche die »experimentelle Musik« geleitet, nicht denkbar oder konstruïerbar »nach dem Modell der Vergangenheit«. Bertrand spricht in diesem Zusammenhang von einem »posterioren Futurum«: »selbst in der Zukunft« muß die Realität »erst noch kommen«. »Wenn die kommende Realität keineswegs utopisch ist, sondern schon und noch existiert, schon existiert hat und noch existiert hat, bereits existieren wird und noch existieren wird, dann ist es immerhin utopisch, diese Realität in einer ›Zukunft‹ (die auf demselben Niveau wie die Vergangenheit bleibt) zu inkarnieren, zu lokalisieren, zu datieren; denn dann kehrt sie als établierte Realität, als *fait accompli*, als verewigte Vergangenheit zurück – und wir werden der Gegenwart (wie dem futurum perfectum, der schon ›vollendeten Zukunft‹) nicht entkommen sein.«[10] Die Revolution hingegen, welche die Cagesche Geste indiziert, ist von ganz anderer Radikalität, und sie wappnet wider jeglichen Umschlag von »avant-garde« in »arrière-garde«, indem sie sich auf eine völlig andere Definition von Utopie stützt. Sie macht nämlich das *Unzeitige* von Utopie zu ihrer Sache: solche Utopie

[9] P. Bertrand, loc. cit., p. 106.
[10] Loc. cit., p. 106.

deutet auf keinerlei »Ende der Geschichte«, sondern auf »den ortlosen Ort und die zeitlose Zeit ... der Multiplizität, der Vielfachheit oder der Multiplikation von Diskontinuitäten, Verwandlungen, Übergängen, Augenblicken oder Ereignissen.[11]« Daß angesichts solchen *Exzesses* der Utopie, den Cages Musik in die Welt bringt, dessen Anstrengung von jemandem als ein Versuch charakterisiert werden konnte, das Komponieren zum »Volkssport«[12] zu machen, läßt auf einen Scharfblick schließen, dessen Ausmaß an »Sportlichkeit« ebenso wie der »Volkssinn« im heutigen Deutschland noch der abschließenden Würdigung harren; »an sich« hat ein derartiger Einwand nicht viel mit Cage zu schaffen, wenn unsere Erinnerung an Cage noch etwas taugt.

(Aus dem Französischen übersetzt von H.-K. Metzger)

---

[11] P. Bertrand, loc. cit., p. 141.
[12] Dr. Gottwald, »Eléments pour une théorie de la nouvelle musique vocale«, in: La musique en projet, loc. cit., p. 111.

Dieter Schnebel

»Wie ich das schaffe?«

Die Verwirklichung von Cages Werk

für Iris

»Als ich mich in Amerika daranmachte, die Orchesterstimmen meines neuen Klavierkonzerts zu schreiben, das wir am 19. September 1958 in Köln aufführten, besuchte ich jeden einzelnen Musiker, um herauszufinden, was er auf seinem Instrument spielen konnte, und entdeckte mit ihm zusammen andere Möglichkeiten; dann unterwarf ich alle diese Möglichkeiten Zufallsoperationen, um schließlich zu Stimmen zu kommen, die in bezug auf die Aufführung durchaus unbestimmt waren. Nach der Generalprobe, in welcher die Musiker das Resultat ihrer verschiedenen Aktionen erstmals hören konnten, schmuggelten einige von ihnen – keineswegs alle – in der eigentlichen Aufführung Klänge ein, die in meinen Noten nicht vorkamen und die größtenteils für die albern und unprofessionell gewordenen Absichten dieser Musiker bezeichnend waren. In Köln hoffte ich diesen unglücklichen Stand der Dinge zu vermeiden und arbeitete mit jedem Musiker einzeln; die Generalprobe war stumm. (Sie sollten vielleicht wissen, daß der Dirigent keine Partitur, sondern eine eigene Stimme hat, so daß er die anderen Ausführenden, auch wenn er sie beeinflußt, keineswegs kontrolliert.) Nun, das Resultat war in Köln teilweise ebenso unprofessionell wie in New York. Ich muß einen Weg finden, die Leute freizusetzen, ohne daß sie albern werden. Solchermaßen, daß ihre Freiheit sie adelt. Wie ich das schaffe? – das ist hier die Frage.«[1]

Kürzlich – bald zwanzig Jahre nach jener legendären und skandalumwitterten Kölner Aufführung – spielte das gleiche Rundfunksinfonieorchester wiederum Cages Klavierkonzert. Inzwischen hatten sich die Aufführungsverhältnisse verändert – manches damals Ungewohnte ist es längst nicht mehr – und auch das Orchester selbst: viele junge Musiker kamen seitdem hinzu. Sie erzählten mir, wie die Aufführung ihnen Spaß gemacht habe und ihr Aktionsdrang kaum mehr zu bremsen gewesen wäre: man hätte mehr gespielt als in den Stimmen stand. Diesmal also eine professionelle Aufführung, dazu noch eine mit Lust realisierte – aber gleichwohl auch wieder zu viel des Guten.

1974 spielte die Stuttgarter Schola Cantorum unter der Leitung von Clytus Gottwald Cages Song Books, die ähnlich angelegt sind wie das Klavierkonzert: als Sammlung von Gesangssoli und theatralischen Soli, die sich in beliebiger Auswahl und in freien Einsätzen innerhalb einer

---

[1] John Cage, Unbestimmtheit (Indeterminacy), 16'00" – 17'00", die Reihe 5, Wien 1952, S. 119; Übersetzung: Iris Schnebel.

ausgemachten Zeit kombinieren lassen. Gottwald schrieb über die Einstudierung: »Die Ausarbeitung der Gesangspartien wurde im wesentlichen von mir vorgenommen. Dabei stand der Versuch im Vordergrund, jedes Solo als Stimmporträt des Sängers auszuarbeiten, dem das Solo zugedacht war. Cages Intentionen hätte es sicher mehr entsprochen, die Soli auszuarbeiten und dann deren Interpreten auszuwürfeln. Doch war mir wichtiger, bei der Ausarbeitung die Absichten Cages nicht zu verlängern, sondern ihnen zuwiderzuhandeln. Dies schien mir dem Denken Cages näher als alle beflissenen Versuche, dem Orakel Cage als gehorsames Sprachrohr zu dienen.«[2] Die Aufführung machte einen vergleichsweise zwanglosen Eindruck, obschon die Sänger teilweise mit Gottwalds übergeordneter Interpretation nicht einverstanden waren; sie wirkte auch amüsant, klang indessen oft stärker nach dem Repertoire der Schola als nach Cage selbst.

Immer geht es schief: mal wird albern gespielt, mal zu viel, mal zu bestimmt; immer aber so, daß man sich über das Vorgeschriebene hinwegsetzt – wobei dieses hier schlicht im Wortsinn verstanden sei: das Vorgeschriebene nicht als Befehl, sondern als Gedanke, als Anregung, als Linie oder Richtung, wie ja auch die Schrift selbst einen Zug hat. Läßt sich dem nicht einfach folgen, nun auch nicht im Sinn von parieren, sondern in der wahren Weise des Worts: nach-gehen – daß man sich zunächst aufs Geschriebene einläßt, seinen Gehalt aufnimmt und dessen Wege ausschreitet?

1974 studierte die Münchner Arbeitsgemeinschaft für Neue Musik ebenfalls Cages Song Books ein. Jeder von uns suchte sich Soli aus, die ihm gefielen, zur jeweiligen Person paßten. Bei der Realisation hielten wir uns streng an Cages Regeln, kritisierten uns gegenseitig, wenn das Vorgeschriebene nicht adäquat verwirklicht schien. Gleichzeitig befaßten wir uns mit Cages Denken – lasen in seinen Interviews, Aufsätzen und Vorlesungen. Wir übten jeder einzeln für sich oder vor dem Forum der Gruppe, bis jeder seiner Sache sicher war und ruhig, ja in sich selbst ruhend, die stimmlichen und theatralischen Aktionen – und die Zonen der Stille dazwischen zu erfüllen und zu erfühlen vermochte, denn schließlich spielt jeder solo, ist ganz auf sich gestellt. Dann probten wir zusammen, legten vorweg die Zeichen der Einsätze fest, veränderten sie von Aufführung zu Aufführung. Die ganze Einstudierung aber ging mit jener Strenge, mit jenem Bei-der-Sache-Sein vor sich, das Cage wünscht. Er sagte einmal über seinen Lehrer Schönberg: »Er war der Disziplin ergeben und er hatte die Gabe, anderen diese Ergebenheit zu vermitteln. Mein Verständnis von Disziplin geht dahin, daß sie uns von der Tyrannei der in uns heraufkommenden Neigungen und Abneigungen frei macht.«[3]

---

[2] Clytus Gottwald, Über die Songbooks von John Cage, Programmheft der Donaueschinger Musiktage 1974, S. 34.
[3] Aus einem Brief John Cages an den Autor, abgedruckt in: Herausforderung Schönberg (ed. Ulrich Dibelius), München 1974, S. 158; Übersetzung: Iris Schnebel.

Und das geschah in der Tat: wir vermochten uns von eingewurzelten Konventionen zu lösen, die uns dazu verführten, das eine zu vermeiden und das andere zu bevorzugen; beispielsweise verloren wir die Angst vor langen Pausen, überhaupt vor Inaktivität, und fanden den Mut, ungewöhnliche Klänge und Aktionen selbstverständlich zu realisieren. Wurden wir solchermaßen von unseren Neigungen und Abneigungen frei, so gewannen wir in anderer Weise einen Zugang zu unseren wirklichen Neigungen und Abneigungen. Nach und nach taten wir, was Cage vorschrieb, mit Lust – oder wir vermochten darin aggressive Gefühle ohne Scheu auszuleben.

Und wir wurden offen fürs Unverhoffte, für jenes Cagesche »die Dinge geschehen lassen«. Sowohl bei den Proben als auch bei den Aufführungen ereigneten sich zwischen den selbständig handelnden Individuen plötzlich Entsprechungen, unverhoffte Begegnungen, geglücktes Zusammen-Sein: die Töne getrennt Handelnder bildeten für Augenblicke eine Melodie, Klänge vereinigten sich in der gleichen Sekunde, während einer stürzte, stand ein anderer auf; und als einer zu tanzen anfing, erhob sich ein schönes Mädchen im Publikum und tanzte mit – »solchermaßen, daß ihre Freiheit sie adelt. Wie ich das schaffe? – das ist hier die Frage. Frage oder nicht (das heißt, ob ich mit dem, was ich tue, der Situation gerecht werde) – meine Probleme sind heute mehr soziale als musikalische. Hatte Sri Ramakrishna das gemeint, als er dem Schüler auf seine Frage, ob er die Musik aufgeben und ihm folgen solle, antwortete: ›Auf keinen Fall! Bleib ein Musiker! Musik ist ein rasches Transportmittel zum ewig währenden Leben.‹ In einem Vortrag, den ich in Illinois hielt, fügte ich dann noch hinzu: zum Leben–.«[4]

Aber ist das schon Leben? In Cages politischen wie künstlerischen Vorstellungen ist der einzelne für sich – ganz im Stirnerschen Sinn: »Ich hab mein Sach auf mich gestellt«, oder in der Weise des hinterwäldlerischen amerikanischen Anarchisten Thoreau, auf den sich Cage immer wieder beruft: »Ich bin in den Wald gezogen, weil mir daran lag, mit Vorbedacht zu leben, es nur mit den Grundtatsachen des Lebens zu tun zu haben« – bejahte Isolation als Lebensprinzip. Es ist bezeichnend, daß Cage »mit jedem Musiker einzeln arbeitete«, oder daß er bis hin zu den jüngsten Quartets for Orchestra stets musikalische Prozesse entwirft, welche den Ausführenden vereinzeln, ja fast monadisieren; und es mag eben daran liegen, daß bei Aufführungen seiner Werke sich immer wieder Situationen der Angst oder wenigstens der Unlust einstellen, die dann durch Ausbrüche in Albernheit oder in massiveren Protest überspielt werden. In der Tat hat die kompositorisch verordnete Vereinzelung, mag sie auch als Weg zur Selbstverwirklichung gemeint sein, Momente von Unmenschlichkeit, insofern sie das Individuum der gegenwärtigen gesellschaftlichen Verhältnisse in eben den Zustand erst richtig

---

[4] John Cage, Unbestimmtheit (Indeterminacy), a.a.O., S. 119.

hineinstößt, in welchem es sich ohnehin bereits leidend befindet: statt der Möglichkeit von Selbstverwirklichung wird bloß Ohnmacht erlebt. Aufführungen in Cages ursprünglicher Intention aber glücken nur bei den wenigen Interpreten, die sich bereits ein erhebliches Maß an Selbstverwirklichung erschaffen haben, oder sie gerade in einem langwierigen Prozeß erlernen.

Ebenso wie die Einzelaktionen haben die strengen Prinzipien, welche Cages Musik durchwalten, etwas Unmenschliches: sie verlangen Unterwerfung. Die herkömmliche Musik konzipierte musikalische Prozesse, in denen die Interpreten die Möglichkeit der Identifikation hatten: sich in die komponierten emotionalen Vorgänge hineinzubegeben, oder sich von ihnen ergreifen zu lassen – ein Stück Eigenes auszuleben. Bei Cage aber sind es abstrakt in irgendwelchen Parametern bestimmte Ereignisse und Aktionen, ohne inneren Zusammenhang und von wertneutraler Art, die lediglich durch ein Prinzip verbunden werden, welches streng und quasi technologisch durchzuführen ist – und Emotionen können sich bestenfalls ergeben. Voraussetzung und Wirkung solcher Realisation aber ist wiederum die Vereinzelung.

Im Grunde ist Cages Musik eine für Solisten, fast könnte man sagen: für Solipsisten – man spielt eben solo, allein, für sich. Dabei mag sehr wohl mitschwingen, was das Wort sonst noch beinhaltet: die Größenphantasien, das Darüberschweben – und die Einsamkeit; aber auch das Für-sich-selbst-Einstehen, das Seinen-eigenen-Weg-Gehen. Sicher kommt es Cage auf das letztere in erster Linie an. Aber nichtsdestoweniger sind die narzißtischen Elemente in der Konzeption so stark betont, daß Kommunikation als wirkliche Zuwendung zum Anderen zumindest vernachlässigt erscheint – sie wird zum Happening, zum bloßen Ereignis. Gerade hier aber vermöchte die Unmenschlichkeit des Auf-sich-selbst-gestellt-Werdens und des Prinzipiellen in Menschlichkeit umzuschlagen. Gottlob sind die Cageschen Soli und ihre Gestaltungsprinzipien von freien und offenen Feldern durchsetzt, welche Eigenem nicht nur Raum geben, sondern es geradezu herausfordern. Die von Cage sowohl für sich selbst als auch für die anderen gewünschten Klänge des Lebens entstehen erst recht, wenn sie in Lebendiges verwandelt werden, wenn Musik sich in Lebenssituationen gestaltet, wenn die Aktionen zu menschlichen Handlungen werden und die Prinzipien als vom Leben geschriebene Grund-Sätze erscheinen.

Solcher Umschlag des unmenschlich Vorgeschriebenen ins Menschliche verlangt freilich ein Sich-Einleben in die Cageschen Intentionen, das nicht von heute auf morgen kommt und schon gar nicht in zwei- bis dreitägigen Probezeiten zu wachsen vermag. Von den gegenwärtigen Aufführungsbedingungen her gesehen, ist die Cagesche Konzeption Utopie, mit Maßen realisierbar nur unter Bedingungen, die selbst schon genügend Freiräume enthalten, wo über Wochen, gar Monate hinweg geduldig studiert und geprobt werden kann — wie etwa in Kursen an Schulen,

Hochschulen, Volkshochschulen, oder in freien Gruppen. Insofern solche Aufführungsbedingungen im Musikleben kaum zu haben sind, geht die Cagesche Musik an eben diesem vorbei, und wenn sie da gespielt wird, läuft sie in der Regel schief.

Immerhin kommt dann ihr provokatorisches Element heraus: sie erzeugt Unwillen und Abwehr bei den Ausführenden wie bei den Hörern. Aber die Provokation löst keine wirkliche Veränderung aus, stößt nur vor den Kopf, und das nicht einmal so, daß man ihn spürt und also ein neues Bewußtsein gewönne. Das mag am Gewalttätigen liegen, das Cages Konzeption wie jeder anarchistischen eignet: sie will zum Sich-selbst-Sein zwingen, in es hineinstoßen. So aber kann die gewünschte Selbstfindung nur verfehlt werden, da sie als wirklich solche nur aus einem selbst kommen kann. Tatsächlich gibt es auf Cages Frage nach dem »Weg, die Menschen freizusetzen, so daß es sie adelt«, bei ihm selbst keine klare Antwort – kann es sie unter den gegenwärtigen Lebensbedingungen wohl überhaupt kaum geben.

Immerhin bleibt das ehrliche »Wie ich das schaffe?« als wirklicher Anstoß: konkreter in das, was Cage »Leben« nennt, hineinzugehen, es selbst zugleich realer zu fassen und zu er-leben. Die Cagesche Weise, Aktionen zu verordnen und Prinzipien dafür aufzustellen und alledem auch noch eine zu glaubende Lehre mitzugeben, dürfte kaum die wahre sein. Vielleicht wären die Aktionen und ihre Prinzipien dem Leben selbst abzugewinnen, was nur heißen kann: die jeweiligen Lebensbedingungen erst einmal zu erfahren und aus ihnen dann »lebendige« Aktionen und »Lebensprinzipien« zu gestalten, die das »Leben« nicht in seinem bloßen Zustand belassen, sondern es selbst zum Leben erwecken; durchschauen und durchfühlen, was ist, und darauf entschieden und herausführend zu antworten. Das mag immer noch abstrakt und utopisch – nicht gerade »lebensnah« klingen. Aber das »Wie ich das schaffe?« ist eben immer noch Frage, ja die Frage von Kunst heute, und es macht Cages Verdienst aus, sie überhaupt und in solcher Deutlichkeit gestellt zu haben.

John Cage

Rede an ein Orchester

Ich möchte Ihnen für die Arbeit, die Sie in diese Musik investiert haben, danken. Aber wie bei allem ist es immer möglich, die Situation zu verbessern[3], und bei einer solch großen Zahl von Leuten[4] ist es, glaube ich, der Mühe wert, mich unmittelbar darüber auszusprechen, was ich tat, als ich diese Musik schrieb, so daß Sie sich bei der Aufführung heute abend, wie ich hoffe, eher ganz Ihrer Arbeit widmen können, statt an etwas anderes zu denken, was nichts mit ihr zu tun hat.

Michael Nyman

Annotationen

Die philosophischen, konzeptualen und technischen Prinzipien, die hinter John Cages Werk seit 1950 stehen, sollten heute eigentlich bekannt sein. Dennoch entschuldige ich mich nicht, die obenstehende improvisierte Ansprache, die Cage vor den Mitgliedern des Residentie-Orkest, Den Haag, während der Proben für »Atlas Eclipticalis«[1] beim Festival zu La Rochelle in Frankreich am 3. Juli 1976 hielt, vollständig abzudrucken, weil sie ein faszinierendes Dokument ist, das die kompositorischen Konzepte mit ihrer praktischen Realisation[2] verbindet, wessen ich hier zum ersten Mal gewahr wurde.

1 Komponiert zwischen 1961 und 1962, besteht das Material aus Instrumentalparts (86), die ganz oder teilweise, in beliebiger Dauer, in beliebiger Besetzung, Kammer- oder großes Orchester (innerhalb einer spezifizierten Instrumentation), mit oder ohne »Winter Music« von 1957 (und jetzt auch mit »Solo for Voice 45« von 1970) gespielt werden können. Jeder Part ist in *space notation* geschrieben, d. h. die Abstände entsprechen der Zeit, wobei die Zeit mindestens zweimal so langsam als die Uhrzeit sein muß. Pfeile zeigen 0″, 15″, 30″ und 45″ an. Der vertikale Abstand entspricht der Frequenz. Da zwischen allen Tönen der chromatischen Tonleiter der gleiche Abstand besteht, sind Noten ohne konventionelle Akzidentien Mikrotöne. Spezifische Anweisungen und Freiheiten sind hinsichtlich der Tondauern gegeben. Die Lautstärke hängt von der Größe der Noten ab. Die Tonproduktion ist nirgends außergewöhnlich. Die Schlagzeugstimmen sind eine graphische Darstellung, die die Verteilung der Instrumente, die so verschieden und zahlreich wie möglich sein sollten und vom jeweiligen Musiker ausgewählt werden, anzeigt. Die kompositorischen Mittel bestanden aus Zufallsoperationen zusammen mit dem Auflegen transparenten Notenpapiers auf die Seiten eines Himmelsatlanten, wobei die Positionen der Sterne transkribiert wurden. (Catalogue of Cage's Compositions, Peters Edition, 1962.) Es war die Uraufführung der kompletten simultanen Kombination von »Atlas«, »Winter Music« und »Solo for Voice 45« — das letztgenannte Stück mit großartiger Brillanz von Joan La Barbara realisiert.

2 Der schlagendste Beweis der Möglichkeit, fürwahr der Versuchung, einer Scheidung der Cageschen Ideen und Konzepte von seiner Musik war während der Aufführung das Benehmen von Daniel Charles, eines französischen Kritikers und Ästhetikers, der sich offenkundig selbst dem Cageschen Werk widmete und Ende 1976 ein Buch mit Cage-Interviews (unter dem Titel »Pour les Oiseaux«) veröffentlichte. Charles lachte und redete in der ihm eigenen Art während der ersten anderthalb Stunden und ging dann weg.

3 Das kollidiert mit Cages Freude an der Tatsache, daß sich die Dinge über eine Periode von Jahren hinweg ändern, »ohne daß wir einen Finger gekrümmt hätten«.

4 Es war lediglich die Aussicht, zum ersten Male die volle Orchestration zu hören, die Cage bewogen hatte, nach La Rochelle zu kommen. Er führte dann dort außerdem seine »Empty Words« auf, eine vokale Zerstückelung (Pulverisation) von Auszügen aus Thoreaus »Journals«.

Wenden wir uns zunächst nicht der musikalischen Frage, sondern der Frage zu, wie wir uns als menschliche Wesen in einer Aufführungssituation verhalten. Dies ist kein Theaterstück, es ist vielmehr ein Musikstück, und wir sind hier, um Klänge zu erzeugen. In den späten vierziger Jahren war ich von großer Unruhe erfaßt, und ich gewann durch den äußerst glücklichen Umstand, daß ich damals bei Daisetz Suzuki buddhistische Studien begann, eine gewisse Ruhe zurück, und seit dieser Zeit ließ mein Interesse in dieser Richtung nicht mehr nach. Der Kagon-Philosophie, die für den ganzen Zen-Buddhismus zentral ist, liegt die Vorstellung zugrunde, daß die Schöpfung aus Wesen wie uns, die Gefühle haben, und Wesen wie Klängen oder Steinen, die keine Gefühle haben, besteht.

Nun steht vom buddhistischen Standpunkt aus jedes dieser Wesen im Zentrum des Universums. Wenn Sie jetzt eine Verbindung herstellen – zum Beispiel dadurch, daß Sie lachen, eine Verbindung zwischen sich selbst und dem, worüber Sie lachen –, dann tun Sie dieser Zentriertheit[5] etwas an. Man könnte sagen, daß Sie vorübergehend Ihres eigenen Zentrums verlustig gehen. Sie kämen in eine mit der Absicht dieses Stücks besser zu vereinbarende Situation – und vor allem in eine treffliche soziale Situation –, wenn Sie sich in Ihrem eigenen Zentrum befänden, und zwar so, daß Sie beim Erzeugen eines Klanges nicht versuchten, einen Klang herauszubekommen, als ob er von Ihnen käme, sondern einfach wie ein Mittler handelten, der kraft einer gewissen Magie[6] imstande ist, diesen Klang, der sein eigenes Zentrum hat, zur Existenz zu bringen.

---

5   Einen einzelnen Klang, der aus seinem eigenen Zentrum kommen soll, vermag man zu begreifen. Ein multiples System von Klängen, die sich mit ihren Zentren in unzusammenhängender Weise durchdringen (wie sie es in jeder Aufführung von »Atlas« tun sollen, da jedem Klang bzw. jeder Konstellation von Klängen immer eine merkliche Pause vorausgehen und folgen muß), macht Verständnis — d. h. *Verständlichwerdung* von unabhängigen Klangereignissen — sehr problematisch. Die Klänge selbst bieten wenig wirkliches Interesse, was das Zuhören über einen Zeitraum von 2 Stunden und 40 Minuten (wie in diesem Fall) zu einem Erlebnis macht, das ziemlich ratlos läßt. Das mag manchmal eine vergnügliche Erfahrung sein, oft nimmt man dabei eine lange Zeitspanne wie in einem Zuge wahr. Doch die Tendenz des Ohres (oder des Denkens), teilweise bedingt durch die strukturierte, kontrollierte Musik der letzten Jahre, automatisch einen Zusammenhang zwischen unabhängigen, isolierten Klängen herzustellen, bedeutet, daß man dauernd versucht ist, dem, was man hört, einen »Sinn« zu geben. Und welchen Sinn könnte man dieser abstrakten Klang-Assemblage beimessen? Sehr wenig. Man wird mit Freude eines Zufallsunisonos gewahr, oder einer Oktav, oder einer Verdopplung, oder eines tonalen Akkords (in Richard Bernas' Realisation seines Parts in »Winter Music« treten, durch wohlbedachte Auswahl, einige erfrischende assonante Harmonien hervor), oder man gewahrt etwas, was gewisse physikalische, körperliche, pulsschlagartige Beziehungen zu irgendetwas anderem hat.

6   Weder diese noch irgendwelche anderen Musiker können wirklich an ein solches magisches Hervorbringen von Klängen glauben. Die Produktion eines Klanges — besonders eines Klanges, der frei von Erinnerung, Ausdruck und Kultur sein soll, wie Cage es wünscht (was man an späterer Stelle seiner Rede sieht) — ist nicht nur sehr schwierig (wenn man der Orchestermusiker kulturelle Bedingungen bedenkt), sondern ist auch eine höchst bewußte Aktivität. Sie bedarf stets eines phänomenalen Grades von Fertigkeit und Kontrolle (um nicht zu sagen von Interesse und Involviertsein, was den meisten Ausführenden abgeht, da das Spielen von Cages Musik nicht entfernt die gleiche Art von Befriedigung gewährt wie das Spielen der Musik der symphonischen Tradition. Die Musiker des Haager Orchesters würden sagen, daß sich überhaupt keine Befriedigung, welcher Art auch immer, einstellt).

In welcher Beziehung steht das nun zu dem, was ich vorhin in der Probe hörte? Als Mr. Dufallo [der Dirigent] es Ihnen anheimstellte, sich ins Zeug zu legen, sich zu entspannen oder wegzugehen, gab es verschiedene Möglichkeiten, dies zu tun. Wenn Sie sich ins Zeug legen, dann bitte nicht wie ein Schauspieler, sondern weil Sie es wirklich tun; also nicht, weil Sie meinen, es könnte jemanden amüsieren, sondern weil Ihnen in Anbetracht des langen Zeitraums[7] nichts anderes übrigbleibt. Wenn Sie aber weggehen, dann versuchen Sie bitte nicht, dadurch anderen Mitgliedern des Orchesters eine Ablenkung zu bescheren. Gehen Sie einfach weg. Es wird für Sie eine Erholung bedeuten, für die Sie Gott danken können [lacht], und kehren Sie danach zurück. Und selbstverständlich sollten Sie dann weggehen, wenn Sie in Ihrem Part nichts zu spielen haben.[8]

Nun ist mir von einigen von Ihnen gesagt worden, es sei bei einer so großen Gruppe von Leuten schwerlich zu erwarten, daß sie ihr Denken schnell ändern. Deshalb wieder ein Hinweis auf den Buddhismus: man fragte den Erleuchteten, ob die Dinge, die geschehen, allmählich oder plötzlich kommen, will sagen: können wir unser Denken plötzlich ändern, oder müssen wir über Jahre hin erzogen und überzeugt werden? In einigen Fällen geschehen Dinge langsam, in anderen rasch. Würde zum Beispiel ein Samenkorn schnell keimen, wäre es keines. Und leuchtete ein Blitz langsam auf, wäre er kein Blitz. Es ist Menschen leichter möglich als Hunden – und sicherlich leichter als Insekten –, nobel zu handeln und ihr Denken zu ändern.[9]

Der Vorteil aber, zu einer Vielzahl von Zentren – zu Klängen in ihren

---

7 Diese Version war für eine Dauer von 2 Stunden 40 Minuten festgelegt. Jede Seite enthält 5 Systeme, von denen jedes 8 Minuten dauerte, und 4 ganze Seiten wurden gespielt. Die Funktion des Dirigenten ist einfach die einer Uhr — seine Arme beschreiben einen Kreis von 360 Grad, der die Länge eines Systems ausmacht: 8 Minuten. Jeder Spieler muß seine Klänge analog ihrem Ort auf der Seite innerhalb dieser Uhrzeigerbewegung »placieren«.

8 Diese Erlaubnis, zu den Eisschränken zu gehen und gekühlte Getränke zu trinken (sie sollten dem Publikum auch zur Verfügung stehen), war die einleuchtendste »menschliche« Ursache für den Zusammenbruch der ganzen Aufführung. Diejenigen Spieler, die ihre Aufgabe ernst nahmen, konnten ihr unmöglich bei dem ständigen Kommen und Gehen vom und zum Eisschrank gerecht werden, das sich vor ihren Augen abspielte und sogleich losgegangen war, als der erste Spieler eine ausgedehnte Pause hatte. Instrumentalisten sind darauf abgerichtet, ihre Instrumente zu spielen, auf nichts anderes, und Cage war vielleicht unrealistisch, indem er die Spieler bat, dessen gewahr zu werden, was um sie herum vorging, während er ihnen gleichzeitig die permanente »Freiheit« gab, zu trinken.

9 Und bestimmt hatten Cages Worte auf die Spieler einen magischen Effekt bei der Probe. Fast jeder, die Spieler wie auch der Haufe der Freunde und Kritiker, war tief beeindruckt von der Überzeugungskraft und dem Charme von Cages Worten. Die Musiker gingen an das nächste 8-Minuten-System und spielten gleich Engeln. Aber wie es jetzt den 86 Musikern plötzlich möglich war, blitzartig ihr Denken zu »ändern«, so mußte es auch möglich — und viel wahrscheinlicher — sein, daß sie am Abend ihr Denken wieder in den Zustand zurückverwandelt haben würden, in dem es sich befunden hatte, bevor Cage sie verzauberte. Vom musikalischen Standpunkt aus hatte jedoch niemand mit der Nichtvorhersagbarkeit des Zeitfaktors Rechnung getragen: es ist schön, so 8 oder 20 Minuten zu proben, aber wenn man gehalten ist, über einen Zeitraum von über zweieinhalb Stunden eine solche Aktivität (die ein ständiges Aufhören und Wiederbeginnen ist) durchzuhalten, dann ist die Situation dialektisch: alles schlägt zwangsläufig um.

eigenen Zentren, zu Menschen in ihren eigenen Zentren – eine Haltung zu haben, besteht darin, daß man dann nicht die Notwendigkeit fühlt, andere zu beeinträchtigen. Wir könnten – obgleich wir es vielleicht nicht bekommen – ein besseres Leben haben, wenn wir, annähernd 100 Leute, die wir sind, bei einem Anlaß wie heute abend die Fähigkeit von selbst aufbrächten, die Verrichtungen zu erproben, die dieses Stück zur Existenz bringen, ohne Jux und so gut wir können. Wir hätten nicht nur etwas für uns selbst getan, sondern wir hätten einem größeren Kreis als uns eine gewisse Vorstellung vermittelt, und es wäre wie bei einem Stein, der ins Wasser fällt: es würden kleine Wellen entstehen, und es wäre von guter Wirkung.[10]

Was ist nun das Schwierigste bei der Aufführung dieses Stückes? Es sind buchstäblich die Perioden, in denen Sie nichts zu tun haben. Sie werden, einmal ganz abgesehen von ihrer Tätigkeit als probende Musiker, ja auch sonst bemerkt haben, daß der schwierigste Zeitpunkt in Ihrem Leben immer der ist, an dem es Ihnen so scheint, als hätten Sie nichts zu tun. Wenn Sie ihre Aufmerksamkeit und Neugierde gerade auf den Punkt zu konzentrieren vermöchten, an dem Sie nichts zu tun haben, hätten Sie mehr von Ihrem Leben als sonst. Statt einen Zwang zu verspüren, wenn Sie müßig sind, sich über etwas lustig zu machen oder jemanden abzulenken, benützten Sie Ihre Fähigkeiten und Ihre Sinne, um zum Beispiel zu hören, was vor sich geht, und wenn Sie des Hörens müde sind, schauen Sie um sich, was so alles passiert. Aber versuchen Sie nicht, wie es bei unseren Völkern der Brauch, es die ganze Welt büßen zu lassen.

Wenn nun einer von Ihnen meine Worte in den Wind schlägt und beschließt, sich aufzulehnen – dann habe ich keine Kontrolle darüber. Ich habe mich bemüht, ein Stück zu schreiben, in dem es offenkundig ist, daß jeder – sei's der Dirigent, sei's der Komponist – auf Kontrolle verzichtet.[11] Ich will also nicht als Polizist fungieren. Sie haben hier vielmehr eine Möglichkeit, ein Individuum eigenen Rechts zu sein und aus Ihrem eigenen Zentrum heraus zu handeln, und ich wäre selbstverständlich entzückt, wenn Sie das nobel täten.

Nun komme ich von der Aktivität eines menschlichen Wesens im

10 Eigenartig genug, spaltete sich das Publikum selbst in das neugierige, das uninteressierte und das hingebungsvolle — d. h. man blieb oder ging —, und dies nicht, weil man durch die Fratzen von Individuen im Orchester angewidert (oder unterhalten) worden wäre, sondern weil man sich gelangweilt fühlte, ärgerte oder amüsierte ob der Musik selbst (zumindest nährte sie die Aufmerksamkeit), oder weil man von der Musik beeindruckt war.

11 Ich habe schon bemerkt, daß die Interpreten, um die Klänge, die Cage wünscht, zu erzeugen, nicht ihre Kontrolle aufgeben können; taten sie dies aber dennoch und benahmen sich »schlecht«, dann war Cage entsetzt — vielleicht zu Recht. Obwohl Cage keine Kontrolle in dem Sinne zu besitzen wünscht, wie etwa Beethoven genau kontrolliert, was und wann ein Musiker spielt, kontrolliert er dennoch die soziale Situation: daß nämlich eine große Zahl von Leuten gezwungen wird (auf Geheiß und gegen Bezahlung), eine Partitur, die durch ein Individuum (Cage) komponiert wurde (es tut nichts zur Sache, wie und weshalb), vor einer noch größeren Zahl zahlender Zuschauer (die die Freiheit haben, wegzugehen, falls sie an dem, was da vorgeht, nicht interessiert sind) zu spielen.

allgemeinen zur besonderen Aktivität eines Menschen, der einen Klang produziert. Ihre ganze Erfahrung mit der Aufführung von Musik in der Vergangenheit läßt Sie denken, daß es Ihre Aufgabe sei, etwas von Ihrer eigenen Emotion in den Klang einzubringen. Aber ich habe in diesem Stück versucht, obwohl ich Zufallsoperationen benutzte, um es zu komponieren, und obwohl ich die Position der Noten aus der Position von Sternen auf Sternkarten erhielt, – ich habe also versucht, meine Ansichten darüber aufzugeben, wie Musik sein sollte, und ganz bestimmt darüber, wie sie ausdrucksvoller geraten könnte, und man sollte die Klänge aus ihren eigenen Zentren kommen lassen. Ich bin der Überzeugung, daß, wenn dies bei diesen Klängen der Fall wäre – wenn man ihnen erlaubte, aus ihren eigenen Zentren zu kommen –, wir etwas erhielten, was wundersam anzuhören wäre.

Während einer Probenpause fragte einer von Ihnen, ob wir nicht Klänge produzieren sollten, die ein Crescendo und ein Diminuendo hätten. Nun, diese einfachen Gedanken, die in unserem menschlichen Gehirn darüber entstehen, ob Dinge allmählich lauter oder leiser werden, sind eine Sache, aber ich glaube, es wäre viel schöner, ließen wir es den Klang selbst tun. Wenn Sie sich nun in eine extreme Situation begeben – was Sie, wie ich meine, in dieser Aufführung bisher noch nicht taten –, also wenn Sie es zum Beispiel auf den Versuch ankommen lassen wollen, einen Klang leiser zu erzeugen als jemals zuvor in Ihrem Leben, dann wird dieser Klang infolge der Intensität Ihres Versuchs, ihn leise zu machen, unvorhersehbare Veränderungen seiner Dynamik zeigen; und dies nicht auf expressive Weise, sondern so, wie die Adern eines Blattes oder die sich kräuselnden Wellen eines Gewässers oder alle anderen Erscheinungen, die wir in der Natur beobachten können, Variabilitäten zeigen.

Ich weiß nicht, ob ich mich klar ausdrücke, aber ich will es versuchen. Wenn Sie einen leisen Klang erzeugen, erzeugen Sie ihn so leise, daß Sie nicht sicher sind, ob er tatsächlich anspricht. Planen Sie das Ergebnis nicht, helfen Sie ihm nicht gewaltsam nach, bringen Sie es einfach zur Existenz, lassen Sie den Vogel aus seinem eigenen Nest fliegen. Und lassen Sie die meisten der Klänge so leise sein, wie Sie noch keine gehört haben. Wenn Sie allerdings einen lauten Klang von jemand anderem hören, verändern Sie Ihren leisen Klang nicht automatisch in einen weniger leisen.[12] Falls Sie alles daransetzen, einen leisen Klang zu spielen, tun Sie es so leise wie es Ihnen nur irgend möglich ist. Und wenn Sie gerade im Begriffe sind, einen lauten Klang zu spielen, spielen Sie ihn so laut, daß man geradezu aufspringt. Statt uns das Leben langweilig

---

12 Die Tendenz, laut zu spielen, schien unvermeidlich zu sein, und so wurde das Spektakel des Stücks ein menschlicher Prozeß, der stufenweise sich entwickelte (unkontrolliert durch irgendein Individuum): von einer Ausgangssituation, während der leise Klänge prädominierten, zu einem Endstadium, in dem jeder laut zu spielen schien. Ein toller Prozeß, aber ach, nicht »Atlas Eclipticalis«.

zu machen, können wir es auch überraschend anlegen, und es wird uns mehr überraschen, wenn wir es nicht mit unseren Intentionen vollstopfen, sondern uns selbst hingeben gerade bei der Erledigung unserer einfachen Arbeiten.

Sie haben in diesem Stück zwei Dinge zu tun: Sie haben auf der einen Seite während eines Großteils der Zeit nichts zu tun. Versuchen Sie zu lernen, es schön zu tun. Und wenn Sie Klänge zu machen haben, spielen Sie sie mit etwas Extremismus, als ob Sie in einem Wald wären und einen solchen Klang vorher nie angetroffen hätten, so daß seine plötzliche Entdeckung Sie entzückt. Dieses Stück enthält keine meiner Gedanken oder Gefühle – es sind bloß Klänge.[13]

Nun noch zu dem, was mit den Rhythmen passiert ist. Gestatten Sie mir die Bemerkung, daß, als Mr. Dufallo zu einem neuen System – 1, 2, 3, 4 oder 5 – kam, sich ein Bruch in der vereinbarten Aktivität des gesamten Orchesters abzeichnete. Nehmen Sie nun eine verfeinerte Haltung der Notation gegenüber ein, schauen Sie genauer hin, und Sie werden sehen, daß Sie keineswegs alle sofort dann zu beginnen haben, wenn das System beginnt. Versuchen Sie, auch winzige Differenzen in den Abständen genau zu unterscheiden, tun Sie, was Sie können, um dem Stück zu ersparen, daß es der Aktivität einer Herde von Schafen gleicht. Lassen Sie es die Aktivität von 86 Menschen sein, die auf Grund einer Wahrscheinlichkeit zusammenkamen ...

Achten Sie auf die Einzelheiten der Dynamik und der Intonation der Mikrotöne und, wenn Sie eine Dauer zu spielen haben, auf folgendes: haben Sie zum Beispiel eine Serie von fünf kurzen Klängen, spielen Sie sie nicht regelmäßig, 1-2-3-4-5. Versuchen Sie die Abstände zwischen ihnen so distinkt verschieden zu bringen wie die Unterschiede zwischen Steinen. So als ob es fünf Steine wären, die dort heruntergefallen wären. Lassen Sie ihnen ihren eigenen Schritt, statt ihnen Ihren Schritt, wie Sie ihn ausmessen, aufzuzwingen. Wenn wir uns als Menschenwesen von dem Geschäft, uns auf Messungen zu verstehen, nur ein wenig weiter entfernen und ins Unbekannte vordringen könnten ...

(Aus dem Englischen übersetzt von R. Riehn)

---

13 Dann muß man sich wohl fragen, wessen Ideen »Atlas« enthält. Über »sounds being sounds« (»Klänge, die nichts als Klänge sind«) schrieb Cornelius Cardew: »Indem Cage seine Musik als ›Klänge‹ (eher denn als Musik) kennzeichnet, unternimmt er den Versuch, sie der menschlichen Sphäre zu entrücken (eine kategoriale Unmöglichkeit, denn die Aktivitäten von Menschen können niemals nicht-menschlich sein), wovon er sich einen doppelten Nutzen verspricht: a) es soll ihn von seiner menschlichen Verantwortung für sein Tun als Mensch dispensieren; b) es soll seiner Musik die übermenschliche, ›objektive‹ Autorität der blinden, bewußtlosen Natur verleihen.« (In: »Stockhausen Serves Imperialism«, London 1974.)

62 Rede an ein Orchester

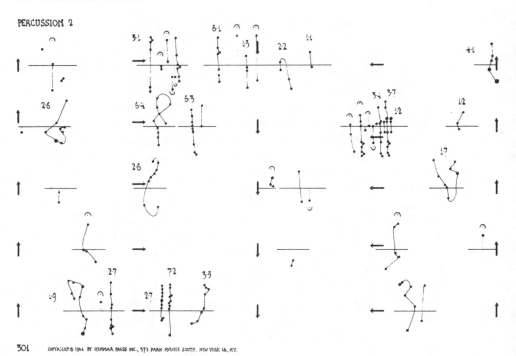

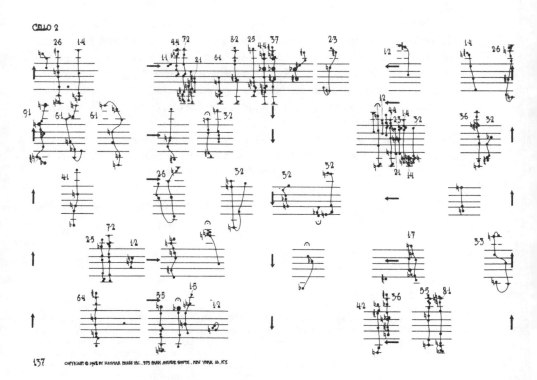

Zwei Seiten aus den Stimmen von Atlas Eclipticalis

Christian Wolff

Brief an Heinz-Klaus Metzger

London, 7. Februar 1978

Lieber Heinz-Klaus,

ich glaube nicht, daß ich derzeit für Dich eine Abhandlung über John Cage schreiben kann. Abgesehen von den üblichen Zwängen – Zeitdruck, andere Projekte etc. – fühle ich mich durch eine Anzahl von Widersprüchen gehindert, für die ich noch keine adäquate Lösung fand.

John war mir lange ein einzigartiger Freund, und er hat mir zu einem Gutteil meine musikalische Tätigkeit durch seine Ermutigung, sein Vorbild und auch seine praktische Hilfe erst ermöglicht, besonders durch seine Hartnäckigkeit, musikalische (kompositorische) Arbeit »zur Welt« zu bringen. Ich denke, daß unsere respektiven Arbeiten während langer Zeit kongenial waren, und noch immer höre, spiele und durchdenke ich Johns Musik mit Vergnügen und versuche, sowohl das Vergnügen als auch das Durchdenken anderen zu vermitteln. In den letzten Jahren unterlag meine Arbeit Veränderungen, die für John in einigen Fällen betrüblich gewesen sein müssen und mich jedenfalls von einigen unserer gemeinsamen Ideen wegführten. Die Sache komplizierte sich noch dadurch, daß einige dieser Veränderungen (wie ich jetzt erkenne) längst in Johns Arbeit angelegt waren, bevor ich sie vollzog, aber als ich ihnen dann nachging, fanden wir uns schließlich in weit entfernten Positionen wieder. Da ist zum Beispiel mein Interesse an politischen Fragen und ihrem Zusammenhang mit der Musik: seit unserer allerersten Bekanntschaft war John der einzige Musiker unter allen, die ich kannte, der sich ernsthaft und ausdrücklich mit dem folgenreichen Problem befaßte, was Musik und »Leben« miteinander zu tun haben. Er war auch der erste, den ich kannte, der sich ernsthaft dem Studium der ökonomischen Aspekte des Lebens widmete (das »Diary«). (Und selbstverständlich begriff er »Leben« niemals schlicht im subjektiven, privaten Sinn.) Aber, kurz und bündig gesagt, wir endeten bei verschiedenen Standpunkten: hie Anarchismus oder anarchistischer Individualismus, hie Sozialismus.

Dies zeigt nun auf andere Weise erneut, daß Johns Auffassung von Musik und Kunst eine »hohe«, zugleich eine »naturnahe« ist (im traditionellen, orientalischen oder klassischen Sinn). Ich glaube, er würde letztlich von der »Poesie« einer Kunst als ihrer wesentlichsten Qualität sprechen; und obwohl er die Untrennbarkeit dieser Poesie vom Leben betont, sagt er nun, er sei nicht optimistisch, was die mögliche Wirkung seiner Musik auf das Leben betrifft, wie er es in der sozialen und politischen Krise, die uns (im Westen) bedrängt, sieht. Gewiß habe ich die Anziehungskraft »hoher« Musik verspürt, aber auch »populäre« Musik sagt mir zu – jedenfalls werden beide durch unser kapitalistisches System übel zugerichtet, meist in ihrer Funktion beschnitten. Es scheint mir heute, daß Johns Auffassung des Klangs als bloßen Klangs, als eines freien Ausdrucks lediglich seiner selbst, die Musik-als-Kunst eher isoliert, ja utopisch ist. Freilich kann auch das trügen; im besten Fall vermögen die strengen Disziplinanforderungen, die Johns Musik (vor allem an die Ausführenden, aber auch an die Hörer) stellt, sie für diejenigen, die sich ihr hingeben, wertvoll zu machen. Doch bin ich der Auffassung, daß Musik gesellschaftlich besser zu funktionieren vermag, wenn sie deutlicher mit dem zu identifizieren ist, was die meisten Leute unter Musik verstehen. Es ist dies keine Frage der Zu- oder Abneigung, sondern der sozialen Identität. Unter besserem sozialem Funktionieren verstehe ich: einen Beitrag zur Konzentration jener sozialen Kräfte zu leisten, die kollektiv – nicht individualistisch – sind und daher politisch revolutionär sein können.

           Mit den besten Wünschen
           Dein
           (gez. Christian)

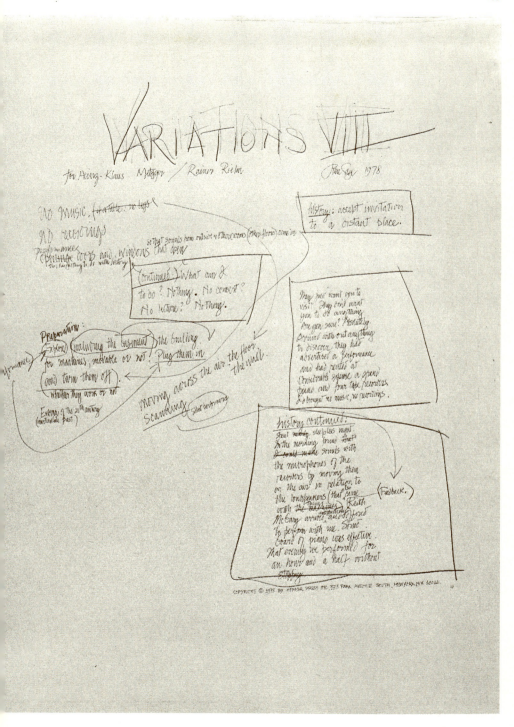

Variations VIII (1978)

Zu den 7 Radierungen (1978)

Having accepted Kathan Brown's invitation to make etchings though I'd never made them before, I initiated a seven-day program to use the available techniques, an activity that would be characterized by my not knowing what I was doing.

Towards the end of the first day, *I Ching* chance operations were used with respect to two techniques, hard ground, and dry point, determining the tool to be used and the number of marks on a copper plate to be made with it. When, through chance operations, the use of the tool previously used was indicated, that fact concluded the use of that particular technique. All marks were made without looking at the plate on which I was working. Lilah Toland kept count since I sometimes missed the plate. On subsequent days a distinction between short, medium, and long marks was made and chance-determined. On each day a new technique, soft ground, sugar lift, the transfer of a photographic image, the impression under appropriate pressure of a found object, and color, was added to the first, so that on the sixth day all seven were used in combination. For the last day (the work was actually also done on the sixth day) which of these techniques were to be used and which were to be omitted was determined by chance operations. These operations also determined the orientation of a print in space, and its position on the page. The size of the page is a twelve-inch square with two and one-half inch margins to the left and to the right.

John Cage

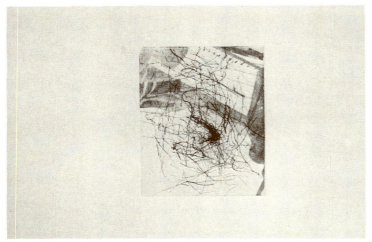

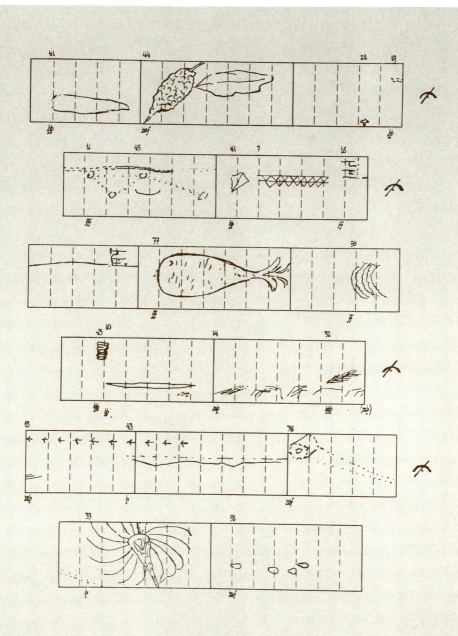

Renga (1976), Seite 10

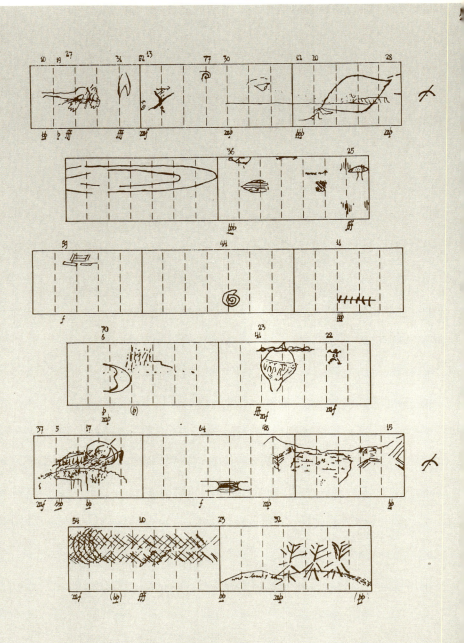

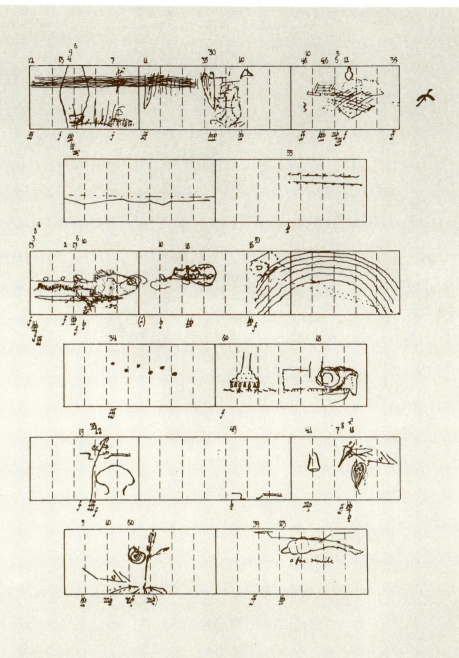

Renga (1976), Seiten 11 und 12

Aus: Sixty-Two Mesostics re Merce Cunningham (1971)

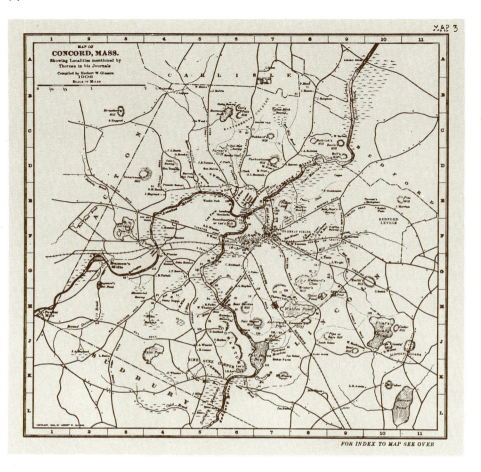

Solo for Voice 3 (aus: Song Books, 1970): Karte, Spielanweisung und 1 Seite Text

SOLO FOR VOICE 3   SONG WITH ELECTRONICS   (RELEVANT)

DIRECTIONS

Using the map of Concord given, go from Fair Haven Hill (H7) down the river by boat and then inland to the house beyond Blood's (B8). Turn the map so that the path you take suggests a melodic line (reads up and down from left to right). The relation of this line to voice range is free and this relation may be varied. The tempo is free. Change electronics at intersections and/or when mode of travel changes. Use any of the following words by Henry David Thoreau as text (Journal Volume III, page 143). The different type-faces may be interpreted as changes in intensity, quality, dynamics. Space on the page is left for the performer to inscribe the vocal path chosen from the map.

This solo may be accompanied by a tape recording of hawk sounds.

Copyright © 1970 by Henmar Press Inc., 373 Park Avenue South, New York, N.Y. 10016

---

how it comes round, as with a wider sweep of thought! ...

circling

and ever circling, you cannot divine

Not Wanting to Say Anything About Marcel (1969)

4 Plexigramm-Multiples von John Cage und Calvin Sumsion

Jede dieser Konstruktionen besteht aus acht parallelen Rohm-and-Haas-Plexiglas-Scheiben, und zwar jeweils zwei bronzegetönten und sechs klaren. Die aufgedruckten Buchstaben wurden durch Zufallsoperationen gewählt und placiert.

Aus: *Music for Carillon No. 5 (1967)*

Variations III (aus den Skizzen)

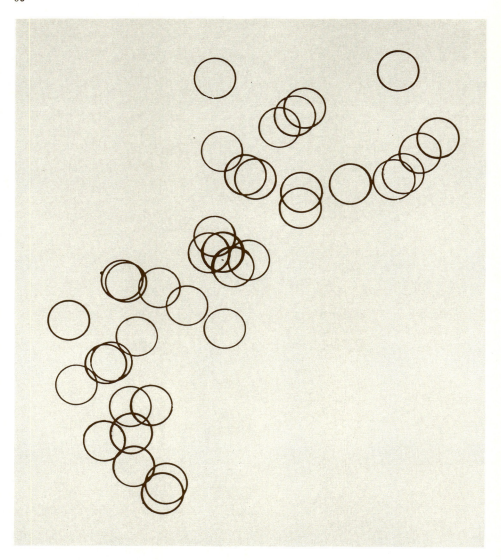

Variations III (1963)

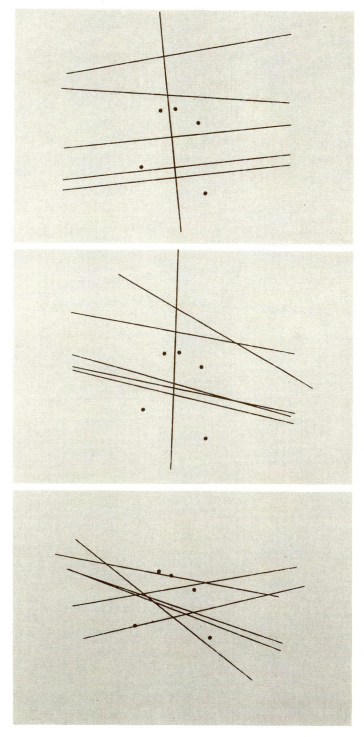

Variations II (1961)

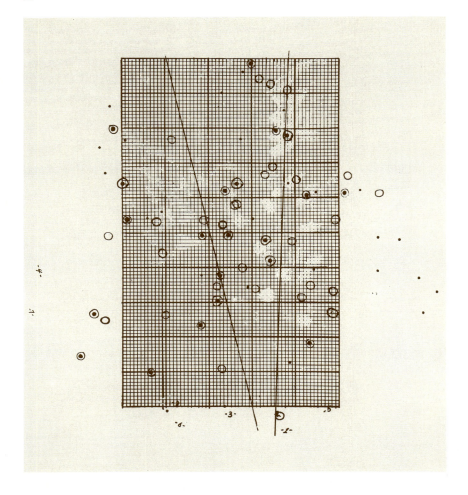

Music for Amplified Toy Pianos (1960)

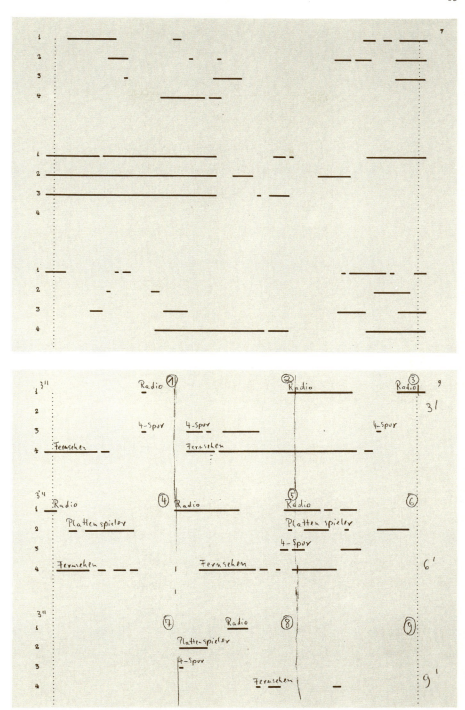

WBAI (1960), mit Eintragungen von Rainer Riehn für eine praktische Realisation

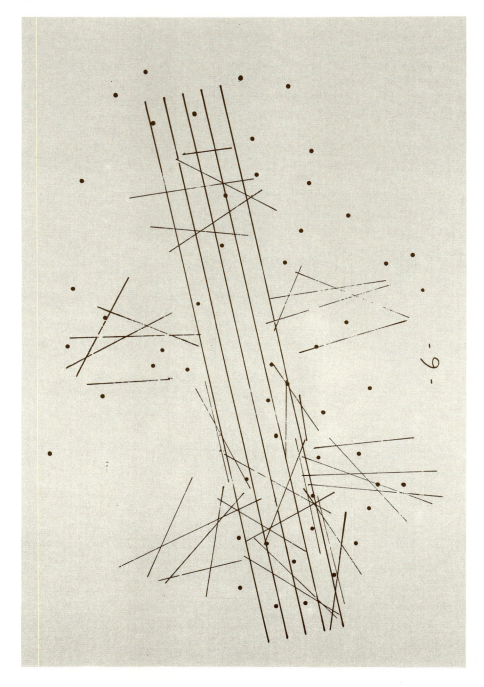

Music Walk (1958), Seite 6 mit Transparent-Materialien

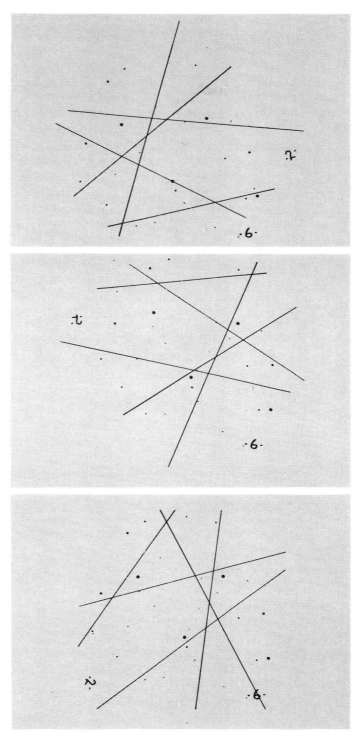

Variations I (1958)

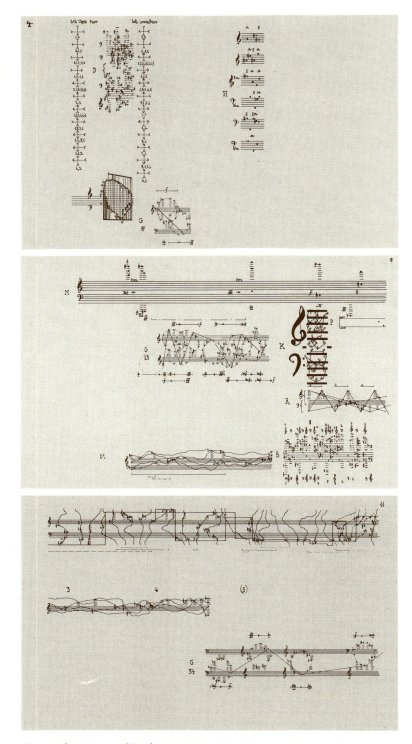

Concert for Piano and Orchestra (1957—58), Klavierstimme, Seiten 4, 9, 11

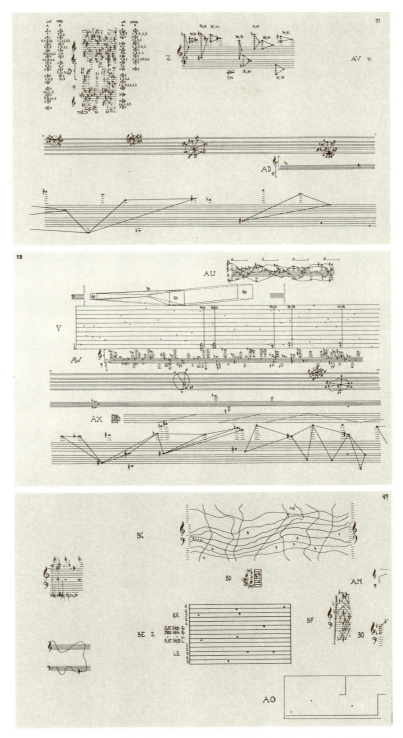

Concert for Piano and Orchestra (1957—58), Klavierstimme, Seiten 37, 38, 47

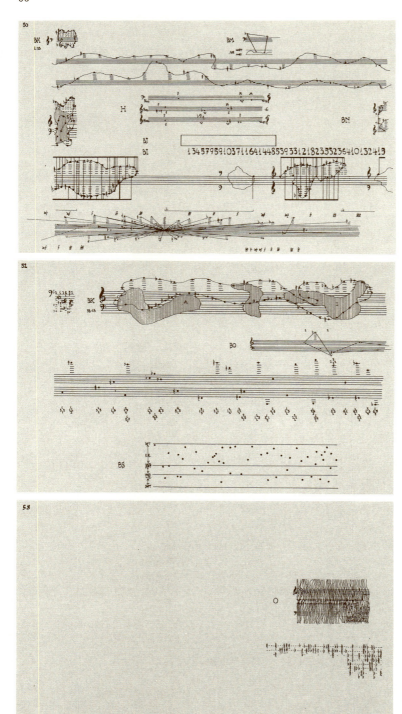

Concert for Piano and Orchestra (1957—58), Klavierstimme, Seiten 50, 52, 58

RADIO 3

LET MOVABLE 0' BE A POINT BETWEEN
ACTUAL 0' AND 47.970"   THEN:

0' ON	CRESCENDO	
40.440" OFF		

1'47.840" ON   CRESCENDO
3'49.160" OFF

4'26.230" ON   CONSTANT VOLUME
29.600" OFF

7'13.100" ON   ESPRESSIVO
9' 9.310" OFF

12' 7.920" ON   CRESCENDO
14' 5.870" OFF

46.310" ON   FADE IN; FADE OUT
15'13.270" OFF

17'41.550" ON   FADE IN; FADE OUT
21' 6.570" OFF

36.900" ON   ESPRESSIVO
23'21.370" OFF

24'55.730" ON   CONSTANT VOLUME
25'22.690" OFF

26'43.570" ON   CONSTANT VOLUME
29' 7.430" OFF

31' 5.430" ON   CRESCENDO
34'31.000" OFF

35'51.880" ON   CONSTANT VOLUME
39'10.710" OFF

41' 5.290" ON   CRESCENDO
12.030" OFF

Speech (1955), Radiostimme

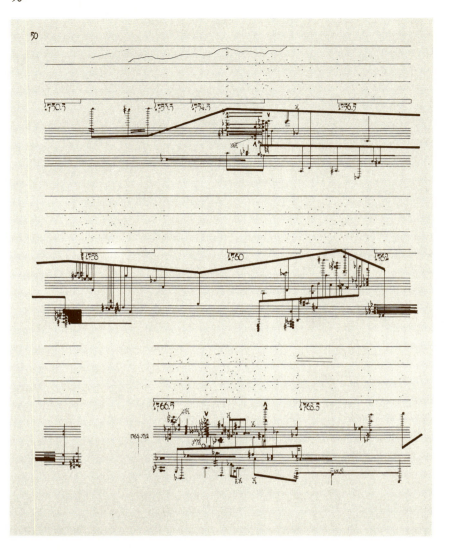

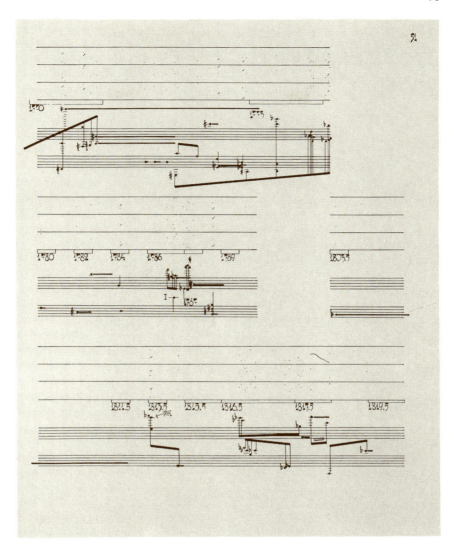

34'46.776" (1954), Seiten 50 und 51

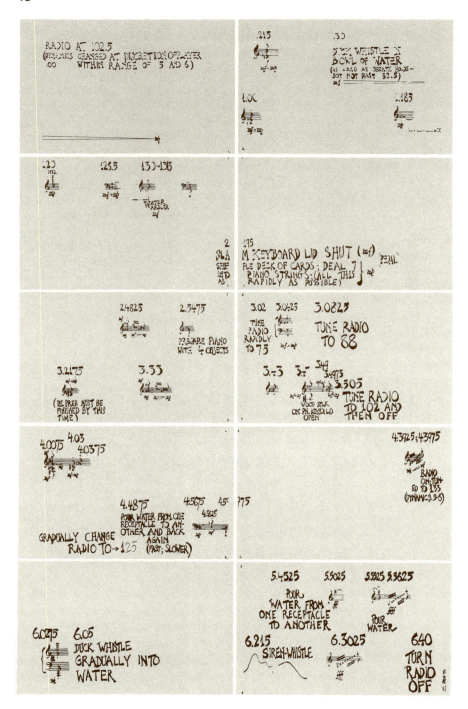

Water Music (1952)

THE RHYTHMIC STRUCTURE IS 11 × 11 (EXTENDED) : 2. 1. 1. 3. 1. 2. 1.
THE MUSIC WAS WRITTEN FOR THE DUCHAMP SEQUENCE OF THE FILM,
'DREAMS THAT MONEY CAN BUY' (HANS RICHTER).

OBJECTS ARE PLACED BETWEEN THE STRINGS OF AN ORDINARY GRAND PIANO, TRANS-
FORMING THE SOUNDS WITH RESPECT TO ALL THEIR CHARACTERISTICS.

TABLE   OF   PREPARATIONS

DISTANCE FROM DAMPER INCHES	MATERIAL		DISTANCE FROM DAMPER INCHES	MATERIAL
$7\frac{3}{8}$	♩	RUBBER	$7\frac{3}{8}$	♩	SMALL BOLT
$2\frac{5}{8}$	♩	WEATHER STRIPPING			
$3\frac{7}{8}$	♩	" "	THE BOLT IS PLACED BETWEEN THE 2ND AND 3RD STRINGS.		
$6\frac{5}{8}$	♩	" "			
$11\frac{1}{2}$	♩	" "	STRINGS ||| 1 2 3		
$4\frac{1}{4}$	♩	" "			
$1\frac{1}{4}$	♩	" "	PLACE WEATHER STRIPPING AND RUBBER OVER 2ND STRING AND UNDER STRINGS 1 AND 3.		
$1\frac{5}{8}$	♩	" "			

Music for Marcel Duchamp (1947), Präparationsanweisung

Living Room Music (1940), Seiten 12 und 21

A metamorphosis (1938), Schluß

Rainer Riehn

Noten zu Cage

> Wenn Benjamin meinte, daß in Malerei und Plastik die stumme Sprache der Dinge in eine höhere, aber ihr ähnliche übersetzt sei, so ließe von der Musik sich annehmen, daß sie den Namen als reinen Laut errettet – aber um den Preis seiner Trennung von den Dingen.
>
> Theodor W. Adorno

Als Cage 1959 in Mailand nach der Uraufführung von »Fontana Mix« gefragt wurde, ob das noch Musik sei, antwortete er: »You must not call it music, if this expression hurts you.«[1] Und als Heinz-Klaus Metzger Cage 1966 nach einer Probe der Merce Cunningham Dance Company vor dem Betreten eines Restaurants auf den Champs-Elysées fragte, worin der Unterschied zwischen gewöhnlichem Türöffnen und dem Türöffnen als künstlerischer Aktion bestehe, antwortete Cage: »If you celebrate it, it's art: if you don't, it isn't.«

Diese beiden Antworten Cages designieren – wie auch eine von Stockhausen überlieferte Äußerung David Tudors, die Visualisierung der Cageschen Musik betreffend, »man höre auch mit den Augen«[2] – seine Ästhetik seit etwa 1950 als diejenige Kafkas, wie dieser sie in seiner Erzählung »Josefine, die Sängerin oder Das Volk der Mäuse« beschreibt: »Im vertrauten Kreise gestehen wir einander offen, daß Josefinens Gesang als Gesang nichts Außerordentliches darstellt. Ist es denn überhaupt Gesang? Trotz unserer Unmusikalität haben wir Gesangsüberlieferungen; in den alten Zeiten unseres Volkes gab es Gesang; Sagen erzählen davon und sogar Lieder sind erhalten, die freilich niemand mehr singen kann. Eine Ahnung dessen, was Gesang ist, haben wir also und dieser Ahnung entspricht Josefinens Kunst eigentlich nicht. Ist es denn überhaupt Gesang? Ist es nicht vielleicht doch nur Pfeifen? Und Pfeifen allerdings kennen wir alle, es ist die eigentliche Kunstfertigkeit unseres Volkes, oder vielmehr gar keine Fertigkeit, sondern eine charakteristische Lebensäußerung. Alle pfeifen wir, aber freilich denkt niemand daran, das als Kunst auszugeben, wir pfeifen, ohne darauf zu achten, ja, ohne es zu merken

---

[1] Mündliche Mitteilung von H.-K. Metzger.
[2] Kh. Stockhausen, *John Cage (und Bo Nilsson)*, in: Texte, Bd. 2, hrsg. v. D. Schnebel, Köln 1964, S. 148.

und es gibt sogar viele unter uns, die gar nicht wissen, daß das Pfeifen zu unsern Eigentümlichkeiten gehört. Wenn es also wahr wäre, daß Josefine nicht singt, sondern nur pfeift und vielleicht gar, wie es mir wenigstens scheint, über die Grenzen des üblichen Pfeifens kaum hinauskommt – ja vielleicht reicht ihre Kraft für dieses übliche Pfeifen nicht einmal ganz hin, während es ein gewöhnlicher Erdarbeiter ohne Mühe den ganzen Tag über neben seiner Arbeit zustandebringt – wenn das alles wahr wäre, dann wäre zwar Josefinens angebliche Künstlerschaft widerlegt, aber es wäre dann erst recht das Rätsel ihrer großen Wirkung zu lösen. Es ist aber eben doch nicht nur Pfeifen, was sie produziert. Stellt man sich recht weit von ihr hin und horcht, oder noch besser, läßt man sich in dieser Hinsicht prüfen, singt also Josefine etwa unter andern Stimmen und setzt man sich die Aufgabe, ihre Stimme zu erkennen, dann wird man unweigerlich nichts anderes heraushören, als ein gewöhnliches, höchstens durch Zartheit oder Schwäche ein wenig auffallendes Pfeifen. Aber steht man vor ihr, ist es doch nicht nur ein Pfeifen; es ist zum Verständnis ihrer Kunst notwendig, sie nicht nur zu hören sondern auch zu sehn. Selbst wenn es nur unser tagtägliches Pfeifen wäre, so besteht hier doch schon zunächst die Sonderbarkeit, daß jemand sich feierlich hinstellt, um nichts anderes als das Übliche zu tun. Eine Nuß aufknacken ist wahrhaftig keine Kunst, deshalb wird es auch niemand wagen, ein Publikum zusammenzurufen und vor ihm, um es zu unterhalten, Nüsse knacken. Tut er es dennoch und gelingt seine Absicht, dann kann es sich doch nicht nur um bloßes Nüsseknacken handeln. Oder es handelt sich um Nüsseknacken, aber es stellt sich heraus, daß wir über diese Kunst hinweggesehen haben, weil wir sie glatt beherrschen und daß uns dieser neue Nußknacker erst ihr eigentliches Wesen zeigt, wobei es dann für die Wirkung sogar nützlich sein könnte, wenn er etwas weniger tüchtig im Nüsseknacken ist als die Mehrzahl von uns. Vielleicht verhält es sich ähnlich mit Josefinens Gesang; wir bewundern an ihr das, was wir an uns gar nicht bewundern: ...«[3]

Doch es gibt noch mehr Parallelen:

Kafka: »Einmal geschah es, daß irgendein törichtes kleines Ding während Josefinens Gesang in aller Unschuld auch zu pfeifen anfing. Nun, es war ganz dasselbe, was wir auch von Josefine hörten; dort vorne das trotz aller Routine immer noch schüchterne Pfeifen und hier im Publikum das selbstvergessene kindliche Gepfeife; den Unterschied zu bezeichnen, wäre unmöglich gewesen; aber doch zischten und pfiffen wir gleich die Störerin nieder, trotzdem es gar nicht nötig gewesen wäre; denn sie hätte sich gewiß auch sonst in Angst und Scham verkrochen, während Josefine ihr Triumphpfeifen anstimmte und ganz außer sich war mit ihren ausgespreizten Armen und dem gar nicht mehr höher dehnbaren Hals. So ist sie übrigens immer, jede Kleinigkeit, jeden Zufall,

---

[3] F. Kafka, Erzählungen, Frankfurt am Main 1976, S. 201 f.

jede Widerspenstigkeit, ein Knacken im Parkett, ein Zähneknirschen, eine Beleuchtungsstörung hält sie für geeignet, die Wirkung ihres Gesanges zu erhöhen; sie singt ja ihrer Meinung nach vor tauben Ohren; an Begeisterung und Beifall fehlt es nicht, aber auf wirkliches Verständnis, wie sie es meint, hat sie längst verzichten gelernt. Da kommen ihr denn alle Störungen sehr gelegen; alles, was sich von außen her der Reinheit ihres Gesanges entgegenstellt, in leichtem Kampf: ja ohne Kampf, bloß durch die Gegenüberstellung besiegt wird, kann dazu beitragen, die Menge zu erwecken, sie zwar nicht Verständnis, aber ahnungsvollen Respekt zu lehren.«[4]

Cage: »An einem Tag, als die Fenster offen standen, spielte Christian Wolff eins seiner Stücke auf dem Klavier. Verkehrsgeräusche, Schiffssirenen hörte man nicht nur in den Pausen, sondern, da sie lauter waren, besser als die Töne des Klaviers. Nachher bat einer Christian Wolff, das Stück bei geschlossenen Fenstern zu wiederholen. Christian Wolff meinte, gerne würde er so tun, doch wäre es eigentlich nicht nötig, da doch die Klänge der Umgebung durchaus nicht jene der Musik unterbrächen.«[5]

Oder:

Cage: »Man könnte sagen, daß Sie vorübergehend Ihres eigenen Zentrums verlustig gehen. Sie kämen in eine mit der Absicht dieses Stücks besser zu vereinbarende Situation – und vor allem in eine treffliche soziale Situation –, wenn Sie sich in Ihrem eigenen Zentrum befänden, und zwar so, daß Sie beim Erzeugen eines Klanges nicht versuchten, einen Klang herauszubekommen, als ob er von Ihnen käme, sondern einfach wie ein Mittler handelten, der kraft einer gewissen Magie imstande ist, diesen Klang, der sein eigenes Zentrum hat, zum Existieren zu bringen. (...) ..., ich habe also versucht, meine Ansichten darüber aufzugeben, wie Musik sein sollte, und ganz bestimmt darüber, wie sie ausdrucksvoller geraten könnte, und man sollte die Klänge aus ihren eigenen Zentren kommen lassen. Ich bin der Überzeugung, daß, wenn dies bei diesen Klängen der Fall wäre – wenn man ihnen erlaubte, aus ihren eigenen Zentren zu kommen –, wir etwas erhielten, was wundersam anzuhören wäre.«[6]

Kafka: »Natürlich ist es ein Pfeifen. Wie denn nicht? Pfeifen ist die Sprache unseres Volkes, nur pfeift mancher sein Leben lang und weiß es nicht, hier aber ist das Pfeifen freigemacht von den Fesseln des täglichen Lebens und befreit auch uns für eine kurze Weile. Gewiß, diese Vorführungen wollten wir nicht missen.«[7]

Die Kafkasche Ästhetik gab Cage an Christian Wolff (z. B. »Stones« und »Sticks« aus »Prose Collection«), den Sohn des ersten Kafka-Verlegers Kurt

---

[4] A.a.O., S. 203.
[5] J. Cage, *Unbestimmtheit*, übers. v. H. G Helms, in: Kommentare zur Neuen Musik, Köln o. J., S. 156.
[6] J. Cage, *Rede an ein Orchester*, in diesem Band, S. 60.
[7] A. a. O., S. 210.

Wolff, weiter, und auch ins Schnebelsche Werk (»concert sans orchestre«, »lectiones«, »Das Urteil« [nach F. Kafka]) ist sie eingegangen. Die Ästhetik des späten Cage ist meilenweit von der Ästhetik eines Neo-Dadaismus, einem Etikett, das ihm immer wieder von Leuten, die nicht unterscheiden können, aufgeklebt wird und höchstens für einige Werke aus seiner frühen und mittleren Periode gilt, entfernt.

Cages Komponieren, das vielen Kinderei und in Aufführungen oftmals Kinderspiel zu sein scheint, ist in Wirklichkeit von Kindern gar nicht adäquat realisierbar, da Kinder noch nicht fähig sind, in Cageschen Dimensionen zu denken, was allerdings auch den meisten Erwachsenen versagt bleibt, die sich dann freilich – stolz und dumm – etwas darauf zugute halten. Cages Komponieren ist kein Jux, sondern bitterster Ernst, und Cage verlangt vom Interpreten wohl mehr Einsatz und Hingabe als je ein Komponist zuvor. Marx: »Wirklich freies Arbeiten, z. B. Komponieren ist grade zugleich verdammtester Ernst, intensivste Anstrengung.«[8]

*

Stockhausen stellt mit einem gewissen mäkelnden Unterton über Cage fest: »Cage ist der verrückteste Kombinationsgeist, der mir begegnet ist; er ist weniger ein Erfinder – als den man ihn gewöhnlich bezeichnet – als ein Finder; er hat zudem jene Gleichgültigkeit allem Bekannten und Erfahrenen gegenüber, die für einen Forscher notwendig ist; ihm fehlt hingegen die unausweichliche klangliche Vorstellungskraft, das Visionäre, das heimsucht.«[9] Stockhausen hätte bei Valéry nachlesen können: »Das Geheimnis der Wahl ist nicht geringer als das der Erfindung.«[10]

*

Cage ist gegen die Einfühlung in die Musik, und sein Kompositionsverfahren ist eine Art Verfremdungstechnik: könnte man daher Cages Musik als »epische Musik« bezeichnen, episch im Sinne Brechts? Der Unterschied zwischen Cage und Brecht liegt darin: der Inhalt ist bei Cage die »Form« und die »Form« ist die soziale Situation. Und die soziale Situation – wiederum im Unterschied zu Brecht – nicht eine soziale Situation, die dargestellt wird, sondern eine soziale Situation, die dadurch vorhanden ist, daß Musiker da sind, die Klänge hervorbringen oder nicht hervorbringen, und daß ein Publikum anwesend ist, das diesen Klängen bzw. ihrem Fehlen zuhört oder nicht zuhört.

*

Metzger prägte in Bezug auf die Kompositionen Hans-Joachim Hespos' das Wort vom »Einspruch des Subjekts«. Man könnte bei Cage vom »Einspruch der Dingwelt« sprechen. Es geht ihm um eine neue Beziehung von Mensch und Objekt, Mensch und Natur, wobei für Cage dem Menschen in

---

[8] K. Marx, Grundrisse der politischen Ökonomie, Moskau 1939 u. 1941, S. 505.
[9] Kh. Stockhausen, *Vieldeutige Form*, a.a.O., S. 249.
[10] P. Valéry, Pièces sur l'art.

der Natur der gleiche Stellenwert wie einer Sache zukommt. Die Rettung des Menschlichen durchs Nicht-Menschliche. Cage spricht in diesem Zusammenhang von »irresponsibility«[11]. »Cage begründet die ›irresponsibility‹ mit östlicher Philosophie, derzufolge in cage'scher Interpretation der Mensch sich nicht in Opposition zur Natur zu verhalten, vielmehr die Natur, wie sie sich ihm darbietet, hinzunehmen habe.«[12]

*

Ist Cage zu tadeln, wenn sich in seiner Musik die Verhältnisse so darstellen, wie sie sind, statt daß sie zugekleistert würden? »Fortgeschrittene Kunstproduktion macht die Deformation der Realität durch's ästhetische Material und die Darstellungsweise hindurch kenntlich.«[13] Wenn Schnebel beim Cageschen Komponieren »die kompositorisch verordnete Vereinzelung« beklagt, die »Momente von Unmenschlichkeit« habe, »insofern sie das Individuum der gegenwärtigen gesellschaftlichen Verhältnisse in eben den Zustand erst richtig hineinstößt, in welchem es sich ohnehin bereits leidend befindet: statt der Möglichkeit von Selbstverwirklichung wird bloß Ohnmacht erlebt«[14], so ist dem entgegenzuhalten, daß es das Rein-Menschliche, die unvermittelte Unmittelbarkeit, die reale Selbstverwirklichung jedenfalls in dieser Gesellschaft gar nicht mehr geben kann, ja daß gerade die sich selbst so apostrophierende »Neue Sinnlichkeit« alles daran setzt, uns den letzten Rest unverbildeter Sinnlichkeit, ja geradezu unsere fünf Sinne selbst, deren »Bildung ... eine Arbeit der ganzen bisherigen Weltgeschichte«[15] gewesen ist, auszutreiben. Man braucht nur die Untersuchungen über die Beschädigungen des Gehörs regelmäßiger Besucher von Beat-Schuppen, Diskotheken und dergleichen zu lesen.

*

Wir sind konditioniert wie der Pawlowsche Hund: wir haben die Freiheit des dressierten Tanzbären – oder mit dem Titel eines Münchner Volksromans: »Karlchen – in Freiheit dressiert«.

*

Cage löst einige Forderungen marxistischer Ästhetik ein. Stellt Tretjakov noch fragend fest: »Jeder Mensch zeichnet in seiner Kindheit, tanzt, denkt sich treffende Wörter aus und singt. Warum dann aber genießt er, wenn er erwachsen ist, selbst extrem ausdrucksarm geworden, nur manchmal die ›Schöpfung‹ eines Künstlers? Hat diese Erscheinung nicht ihre Wurzel in den Bedingungen der kapitalistischen Arbeit, wo der Arbeits-

---

[11] Vgl. H. G Helms, *John Cage zum 50. Geburtstag*, Sendung Radio Bremen 1962, Ms., S. 2.
[12] H. G Helms, a.a.O., S. 2.
[13] A. Krovoza, *Die Verinnerlichung der Normen abstrakter Arbeit und das Schicksal der Sinnlichkeit*, in: Das Unvermögen der Realität, Berlin 1974, S. 33.
[14] D. Schnebel, *»Wie ich das schaffe?«* — *Die Verwirklichung von Cages Werk*, in diesem Band, S. 53 f.
[15] K. Marx, Ökonomisch-philosophische Manuskripte, hier zitiert nach Marx/Engels, Über Kunst und Literatur, Bd. 1, Berlin 1967, S. 119.

prozeß ein Fluch ist und der Mensch nur auf die Minuten der Muße versessen ist? Ist denn der Verlust des aktiven künstlerischen Instinkts des Menschen, der ihn aus einem aktiven Produzenten in einen Zuschauer und Konsumenten verwandelt, als normal anzusehen?«[16], so schwört Cage nicht nur der Dichotomie von Produzenten und Konsumenten, sondern auch der zwischen Produzenten und Reproduzenten ab. Denn virtuell kennt er nicht mehr die Rolle des spezialisierten Interpreten: jeder ist berufen, sich seine eigene Version eines Cage-Stückes zu verfertigen und aufzuführen und dabei ohne weiteres sogar Berufsmusiker an Fertigkeit zu übertreffen; die Nicht-Hierarchie der Sachen kennt auch keine der Menschen. Damit konvergiert die Cagesche Theorie mit einem anderen Postulat Tretjakovs: »Wir sind nicht der Meinung, daß die Fähigkeit zu schreiben auf eine kleine Gruppe von Literaturspezialisten beschränkt sein muß. Im Gegenteil, die Fähigkeit zu schreiben muß zu einer so grundlegenden kulturellen Eigenschaft werden wie die Fähigkeit zu lesen.«[17]

*

Aber es gibt bei Cage auch einen »Einspruch des Subjekts«; denn der Interpret bestimmt die Konstellationen seiner Version selbst, er kann sie sogar während der Ausarbeitung ändern, er kann sich eine neue Version erarbeiten, wenn ihm die gemachte nicht paßt; ja er kann sogar auf eine Ausführung verzichten und dieses Verhalten ostentativ als Aufführung präsentieren.

Cages Verfahren zur Erstellung einer Version eines seiner Stücke verlangt die bewußte Anteilnahme des Interpreten, nicht das bewußtlose Reproduzieren vorgegebener Normen.

Der Interpret ist bei Cage nicht mehr Objekt, auf dem z. B. ein Dirigent – der hat beim späten Cage sowieso nur Hilfsfunktionen – wie auf einem Klavier spielt, oder Quasi-Objekt, das wie eine Maschine die gerade gewünschten Interpretationsstandards – mal mehr »werktreu«, mal mehr »eigenwillig« – liefert, sondern es findet eine tatsächliche aktive Auseinandersetzung zwischen einem Objekt, das von einem Komponisten erstellt worden ist, und einem Interpreten statt. Bei Cage hat der Interpret wirklich Eingriffsmöglichkeiten, vom Interpreten ist das Stück in seiner klanglichen Erscheinung abhängig; der Komponist liefert nur ein Verfahren, es zu generieren. So ist jenem hier ein Vademecum an die Hand gegeben, die Zwänge des Immergleichen zu fliehen, aktiv für die Gestaltung eines Artefakts verantwortlich zu sein.

*

Der Köhlerglaube, der Mensch sei »König der Natur« (Haydn, Schöpfung), hat nicht nur zur alles zerstörenden Naturbeherrschung, sondern

---

[16] S. Tretjakov, *Die Kunst in der Revolution und die Revolution in der Kunst*, in: Die Arbeit des Schriftstellers, Reinbek bei Hamburg 1972, S. 10.
[17] S. Tretjakov, a.a.O., S. 78.

auch zur totalen Beherrschung und Manipulation des Menschen durch den Menschen geführt. Die Ausbeutung der Natur, der die Ausbeutung des Menschen korrespondiert, schränkt die Potentialitäten des Menschen ein, nicht die Wiedereinsetzung der Dinge in ihre Rechte. Der Mensch ist in die Natur eingebunden, der Gegensatz Mensch – Natur ist dialektischer »Natur«. Die Deformierung der Natur hat Konsequenzen für den Menschen wie die Deformation des Menschen für die Natur. Und der Mensch ist inzwischen bis in die letzte Fiber seines Organismus hinein bis zur Unkenntlichkeit deformiert. Alles trägt die Male dieser Deformation: auch unser intimstes Denken und Fühlen, unsere intimsten Wünsche, auch unsere Unmittelbarkeit.

Und wer glaubt, improvisatorisches ad hoc brächte uns der Selbstverwirklichung ein Stück näher, der irrt. Er braucht sich nur eine der so ins Kraut geschossenen Improvisationsgruppen anzuhören: Clichés, Clichés und nochmals Clichés, patterns, die als Spontaneität eingerichtet wurden – man spricht auch von Improvisationsmodellen – und die beliebig oft abgerufen werden können. Die reine Unmittelbarkeit, fürwahr. (Ähnliches konstatierte schon Carl Maria von Weber über Komponisten, die am Klavier komponieren.)

*

Schnebel schreibt, »die strengen Prinzipien, welche Cages Musik durchwalten, ... verlangen Unterwerfung«[18]; er übersieht, daß das in herkömmlicher Musik noch weit mehr der Fall war: der »strenge Satz« heißt nicht umsonst so, und die Arien der Königin der Nacht bewältigt man auch nicht so ohne weiteres im Schlaf.

*

Mit seinen »Cheap Imitations« (z. B. »Cheap Imitation No. 4« aus den »Song Books«, einer depravierten Fassung der Arie Nr. 14 der Königin der Nacht) gibt Cage Beispiele, mit der Vergangenheit »fertig« zu werden, sich gleichsam in einem Akt ödipaler Auflehnung, was Metzger[19] bereits für »Credo in Us« diagnostizierte, gegen verfestigte, verdinglichte Traditionen zu wehren, sie sich verfügbar zu machen, es wird »die Vergangenheit ... als Zukunft herbeizitiert«[20].

*

Adorno konstatierte: »Die Forderungen, die vom Material ans Subjekt ergehen, rühren vielmehr davon her, daß das ›Material‹ selber sedimentierter Geist, ein gesellschaftlich, durchs Bewußtsein von Menschen Präformiertes ist.« Und ein wenig später heißt es, daß »die Auseinandersetzung des Komponisten mit dem Material die mit der Gesellschaft« sei,

---

[18] D. Schnebel, in diesem Band, S. 54.
[19] H.-K. Metzger, *Versuch über prärevolutionäre Musik*, Beiheft zur Schallplattenkassette *Music before Revolution* (Electrola), Köln 1972, Spalte 9.
[20] D. Charles, *La paume (de) la dent*, in diesem Band, S. 45 f.

»gerade soweit diese ins Werk eingewandert ist und nicht als bloß Äußerliches, Hetoronomes, als Konsument oder Opponent der Produktion gegenübersteht.«[21] Manifest wird dieser Tatbestand zum einen darin, wie die Musiker, selbst die bereitwilligsten, die Aufgabe der Ausarbeitung einer Version angehen. Man kann da geradezu die verschiedenen Typen des Verhaltens der Welt gegenüber, zu Menschen und Dingen, soziales Verhalten studieren: für den einen ist die Ausarbeitung einer solchen Version – das Messen, Schätzen, Kategorisieren, Skalieren – eines Cage-Stücks Frustration, für einen anderen jedoch mag sie ein Entlastungsverfahren bedeuten. Der eine bringt eine minutiös ausgearbeitete Stimme oder Partitur mit, der andere verläßt sich auf den Augenblick und »schätzt« während der Aufführung. Besonders eklatant wird jener Tatbestand zum anderen im ungehörigen Betragen der Musiker – und Hörer – den Cageschen Stücken gegenüber, wie es zum Beispiel Nyman[22] im Falle der Aufführung von »Atlas Eclipticalis« in La Rochelle schildert.

Nyman versucht – wie leider auch Schnebel, der es eigentlich besser wissen müßte – Cages Ideen vom stupiden Verhalten von Musikern her zu diskreditieren. Da wird von »Befriedigung« (Nyman) oder »Identifikation« (Schnebel) gesprochen; daß sie offenbar für die alten, eingefahrenen Verhaltensweisen – Nyman tut das ausdrücklich –, wohl gar noch fürs Métier, also festgesetzte Normen, die Tradition aus Schlamperei und damit schlicht für die Dummheit plädieren, nimmt mich zumindest bei Schnebel wunder. Marx: »Die Menschen machen ihre eigene Geschichte, aber sie machen sie nicht aus freien Stücken, nicht unter selbstgewählten, sondern unter unmittelbar vorgefundenen, gegebenen und überlieferten Umständen. Die Tradition aller toten Geschlechter lastet wie ein Alp auf dem Gehirne der Lebenden.«[23]

Schlechte Cage-Interpretationen fallen nicht auf Cage zurück, sondern auf die Interpreten. Das Verhalten von Interpreten dem Cageschen Œuvre gegenüber offenbart deshalb mehr von ihrem sozialen Bewußtsein als ihr Verhalten anderer Komponisten gegenüber, weil es ja bei denen meist geschriebene oder ungeschriebene Gesetze, nachprüfbare Normen zu erfüllen gibt.

*

Was soll man machen, wenn halt die Menschen oder auch nur Orchestermusiker die Freiheit, die man ihnen gewährt, nicht haben wollen? Aus dem Munde von Orchestermusikern ist kein größerer Tadel einer Komposition denkbar, als der, daß man´deren Aufführung ja sowieso nicht kontrollieren könne: ob der einzelne Musiker richtig oder falsch spiele, merke weder das Publikum, noch der Dirigent, noch der Komponist. Also der ausdrückliche Wunsch nach Kontrolle, internalisierte

---

[21] T. W. Adorno, Philosophie der neuen Musik, Frankfurt am Main 1958, S. 37 f.
[22] M. Nyman, *Annotationen*, in diesem Heft, S. 56 ff.
[23] K. Marx, MEW, Bd. 8, S. 115.

Autorität. Das aber ist freilich nicht nur ein Problem von Orchestermusikern, sondern speziell auch der Arbeiterklasse. Cages Nicht-Kontrollieren-Wollen visiert mit künstlerischen Mitteln, dennoch nicht weniger real, die Adornosche Definition von Gleichheit: sie sei der Zustand, in dem man ohne Angst verschieden sein darf.

*

Zeigt nicht gerade Cage mit seiner Postulierung von Nicht-Intentionalität, daß Kunst etwas durch die Gesellschaft Geformtes ist, erst durch sie zur Kunst und damit zur Ideologie wird? Cage will sagen, daß die Kunst erst durch die intentionale Besetzung einer bestimmten Gesellschaft zu dem wird, was sie zu sein vorgibt, und nicht von Natur aus. Das ist bei Cage nicht anders als bei Mozart.

Macht Cage damit nicht deutlich, daß die Menschen selbst mit ihrem kleinkarierten, dummen Denken – mit dem, was sie halt so für Denken halten – die Potentialität der Materie und damit ihre eigene auf ein Minimum reduzieren? Erst wer als Musiker durch die Cagesche Schule des nicht-intentionalen Denkens gegangen – Cage berührt sich hier übrigens mit Schopenhauer –, kann im vollen – nun freilich einem anderen, geschärfteren – Bewußtsein die intentionale Musik der Vergangenheit mit wirklichem Verständnis spielen. Kreiden nicht gerade jene, die nach gesteigerter Intention, nach »Engagement« schreien, also die Regression in weit zurückliegende, vorindustrielle, ja vorgeschichtliche Zeiten fordern, in denen die »Magie«, die Macht der Musik – angeblich – noch etwas vermochte, Cage seine Forderung nach »einer gewissen Magie«[24] an? Viele Musiker glauben an Magie: an Talismane und alle möglichen geheimen (oft kuriosen) Rituale, um am Abend gut spielen zu können. Aber sie verstehen nicht Adornos Satz: »Kunst ist Magie, befreit von der Lüge, Wahrheit zu sein.«[25]

*

Was meint wohl Cage mit »Zelebrieren«? Sicherlich nicht die bloße Einübung, Präsentation einer Aktion; das wäre wieder künstlerische Reproduktion im alten Sinne. Was Cage meint wird deutlich, wenn man einmal Cage-Interpretationen von David Tudor erlebt hat: es ist zumindest der Versuch, mit äußerster Anspannung, mit allen Fibern in die Materie, in diesem Fall die des Klangs, einzudringen, der Versuch des Sich-Versenkens und dabei Verstehen-Wollens. Es geht dabei um die Emanzipation auch noch des Nebensächlichsten, Unterdrücktesten, Tabuiertesten. Dadurch entsteht eine neue Aura der Einmaligkeit, die verloren schien – freilich eine Aura neuer Qualität: sie ist mit der Aufführung vorbei. Was Cage »Zelebrieren« nennt, heißt bei Hegel »Entäußerung«: »Das Wissen kennt nicht nur sich, sondern auch das Negative

---

[24] J. Cage, in diesem Band, S. 57.
[25] T. W. Adorno, Minima Moralia, Berlin und Frankfurt am Main 1951, S. 428.

seiner selbst, oder seine Grenze. Seine Grenze wissen, heißt sich aufzuopfern wissen. Diese Aufopferung ist die Entäußerung, in welcher der Geist sein Werden zum *Geiste,* in der Form des *freien zufälligen Geschehens* darstellt, sein reines *Selbst,* als *die Zeit* außer ihm, und ebenso sein *Sein* als Raum anschauend. Dieses sein letzteres Werden, *die Natur,* ist sein lebendiges unmittelbares Werden; sie, der entäußerte Geist, ist in ihrem Dasein nichts, als diese ewige Entäußerung ihres *Bestehens* und die Bewegung, die das *Subjekt* herstellt.«[26]

*

Seitdem Klang abbildbar, reproduzierbar wurde, konnte Musik erst zur »eigentlichen« Ware und damit omnipräsent werden. Inzwischen ist es mit der Musik ähnlich wie mit den Städten, die heute, wie Peter Bulthaup bemerkte, ebenso wirksam »durch die Spekulation ... zerstört werden wie durch Bomben«[27].

Cage versucht gegen das, was man sei's der Musik, sei's dem Hörer antut, Widerstand zu entwerfen: seine Stücke widerstehen der Einmaligkeit in anderem Sinne als dem Benjamins und wenden sich so gegen ihre Verwertung zu geronnenen Aufführungen in Form von Rundfunkaufnahmen oder Schallplatten und damit gegen die Aura des manipulierten Hörens. Das geht bei der Privatperson Cage immerhin so weit – mag man als stolzer Interpret sich zunächst auch vor den Kopf gestoßen fühlen –, daß er sich weigert, Aufnahmen seiner Stücke anzuhören: mit dem Hinweis, daß er weder Bandgerät noch Plattenspieler besitze. Seine Kunst ist eine »Form des Widerstandes, nicht primär engagierter Inhalte, hilft mit, Alternativen zur Warengesellschaft zu formulieren und spielerisch einzuüben.«[28]

Darin unterscheidet sich heute der wahre Musiker vom Dilettanten: der Dilettant meint von Musik nicht genug bekommen zu können, der Musiker muß gegen die Permanenz von Musik ankämpfen.

Und so erhält Cages Anweisung, daß die Nicht-Aufführung eines seiner Stücke auch eine Aufführung sei, erst ihren realen Stellenwert, sie ist kein Witz: Cages Musik und Denken visieren letztlich – um dereinst vielleicht einmal wieder wirklich hören zu können – die Rettung der Musik durch ihre Negation, durch Schweigen, Stille ... *Silence ...*

---

[26] G. W. Fr. Hegel, Phänomenologie des Geistes, Frankfurt am Main — Berlin — Wien 1970, S. 446.
[27] Materialien zu Benjamins Thesen »Über den Begriff der Geschichte«, hrsg. von P. Bulthaup, Frankfurt am Main 1975, S. 124.
[28] G. Dischner, *Sozialisationstheorie und materialistische Ästhetik,* in: Das Unvermögen der Realität, Berlin 1974, S. 77.

Hans Rudolf Zeller

Medienkomposition nach Cage

Medienkomposition im hier thematisierten Sinne meint anderes als eben einfach Musik für die akustischen und audiovisuellen Medien. Betonte man nämlich allzusehr das »für«, wäre damit die Erfahrung unterdrückt, daß gerade jene Stücke der neueren Musik, die teilweise oder ausschließlich »für« Medien konzipiert sind, zumeist sowohl gegen deren eingebürgerte Produktionsweisen wie auch gegen den allgemein akzeptierten Mediengebrauch verstoßen. Die zuweilen kaum verhüllte Polemik, ja Aggressivität gegen die Medien, gegen das, was Schallplatte, Radio, Film, Fernsehen tagaus tagein produzieren und feilbieten, zielt letztlich sogar eher auf ein radikal *amediales* Komponieren, auf eine amediale (oder prämediale) Musik, die dem längst nicht mehr natürlichen, vielmehr selbst schon gelenkten Bedürfnis nach Kommunikation widersteht und wie sie bei Schnebel aufleuchtete, als er einmal davon sprach, daß es in einer Welt, die alles zu verwalten droht, nötig sei, »nun auch auf dem scheinbar absurd Privaten zu bestehen. Vielleicht wäre es von da her gesehen wirklich eine große Tat, ein Kunstwerk zu schaffen, das nur noch für einen einzelnen da ist...«[1]

Gerade eine extreme Form von amedialer Musik (von Kunst schlechthin) indes, die auf Sprache und Kommunikation jedweden Niveaus verzichtete, erhielte ihre raison d'être am Ende aber doch wieder vom aktuellen Stand der Medienkomposition, wäre ohnmächtiger weil vereinzelter Widerstand gegen die totale Anpassung an den herrschenden Begriff von Kommunikation. Denn Medienkomposition versucht, noch im Kontext der Medien und im Widerspruch zu ihren Forderungen, darauf zu antworten, daß der traditionelle Begriff von Komposition selbst unter deren Druck sich unwiderruflich verändert hat und aus dem einmal konstitutiven Zusammenhang von Interpretation und Hören (Rezeption) isoliert wurde. Nicht als isoliertes Phänomen, sondern mit Blick auf diesen Zusammenhang protokollierte Adorno in seiner Studie »Über den Fetischismus in der Musik und die Regression des Hörens«[2], einer Replik auf Benjamins Essay über »Das Kunstwerk im Zeitalter seiner technischen Reproduzierbarkeit«[3], die entscheidenden Aspekte

---

[1] Dieter Schnebel, Denkbare Musik, Köln 1972, S. 371/372.

[2] Vgl. Theodor W. Adorno, Dissonanzen, Göttingen 1956, S. 9—45. Der Aufsatz war »der erste Niederschlag der amerikanischen Erfahrungen des Autors, als er den musikalischen Teil des Princeton Radio Research Project leitete«.

[3] Frankfurt am Main 1968.

und Konsequenzen dieser Mutation. In schroffem Gegensatz nicht allein zu Benjamins optimistischen Thesen, vielmehr auch zu den Entwürfen Brechts[4] und dem, was etwa Kurt Weill (Idee einer »absoluten Radiokunst«[5]) oder Hanns Eisler[6] aus den durch die Medien veränderten Produktions- und Rezeptionsbedingungen, positiv-utopisch auf sie reagierend, gefolgert hatten, konstatierte Adorno die Unvereinbarkeit von Massenproduktion und Massenkonsum mit der Idee von Komposition, ihre Degeneration zum »mediengerechten« Arrangement. In dieser Fassung schien Medienkomposition ein Widerspruch in sich selbst, der einzig durch eine Radikalisierung des Kompositionsbegriffs zu vermeiden war. Dies geschah in den bedeutenden, vergleichsweise medienfernen Produktionen der Neuen Musik, dies erklärt auch die passive und wenn nötig intransigente Haltung ihrer Pioniere gegenüber den Insinuationen der Medien.

Aber Adornos differenzierte medientheoretische Position wäre nicht vollständig oder, wie fast durchweg, in wesentlichen Nuancen verzerrt wiedergegeben, würde man nicht endlich wenigstens die in Deutschland allerdings erst 1963 publizierte und die erste ergänzende Studie »Über die musikalische Verwendung des Radios«[7] hinzunehmen, die gleichfalls auf eine bereits 1941 in Amerika erschienene Untersuchung zurückgeht. In ihr verbinden sich ausführliche Analysen mit den Perspektiven einer aus dem Medium, dessen technischen und ökonomischen Voraussetzungen wie aus den Bedürfnissen und Erwartungen der Hörer entwickelten Musik. Sie reflektiert zudem auch schon die in der Zwischenzeit, »nach 1945«, vollzogene Konvergenz von Medienentwicklung und avancierter musikalischer Produktion, dem eigentlichen Novum, der durchgängigen Konstante innerhalb der unübersichtlichen Entwicklung der neueren Musik. Um so wichtiger daher, den technologischen Aspekt des Mediums, »die Technik«, nicht willkürlich vom gesellschaftlichen – das Medium als Organ oder Organisationsform gesellschaftlicher Produktion – zu trennen; die Medien, wie es Adornos eindringliche Analyse der »Radiostimme« intendierte, zugleich als Produktions- wie als Kommunikationsmittel zu begreifen, um aus der Kritik der bestehenden Verhältnisse Ansätze für eine kritische Medienkomposition zu gewinnen. Besonders im Hinblick auf das weite Feld der (elektronischen) Tonbandmusik war jedoch im allgemeinen eher eine Trennung dieser Komponenten die Regel, gerade auch dann, wenn über die musikalische Verwendung der Medien diskutiert wurde, was wiederum in der konkreten

---

[4] Vgl. »Der Rundfunk als Kommunikationsapparat«, in: Bertolt Brecht, Über Politik und Kunst, Frankfurt am Main 1971.

[5] Vgl. »Möglichkeiten absoluter Radiokunst«, erschienen in: Kurt Weill, Ausgewählte Schriften, Frankfurt am Main 1975.

[6] Vgl. hierzu Schriften und Dokumente, München 1973; ferner Walter Benjamin, »Der Autor als Produzent«, in: Versuche über Brecht, Frankfurt am Main 1971.

[7] Erschienen in: Der getreue Korrepetitor, Frankfurt am Main 1963, S. 217—248. Es handelte sich um die Studie »The Radio Symphony«, die, ebenfalls ein Ergebnis des Princeton Radio Project, in dem Band »Radio Research 1941« in New York publiziert wurde.

Entwicklung zu Disproportionen – etwa zu einer einseitigen, komplexere Möglichkeiten verdrängenden Präponderanz einer bald etablierten Musik »für Tonband« – führte.

Gleichwohl ist die neuere Musik insgesamt mittlerweile so unlösbar an die Medien (und durchaus nicht allein an die akustischen) gebunden, daß sie ökonomisch wie technologisch außerhalb von deren Organisations-, Produktions- und Verbreitungsformen keinerlei Existenz mehr hat. Komponisten produzieren, welche Art von Musik sie auch hervorbringen mögen, in jedem Fall für übergeordnete Medienprogramme, sind in jedem Fall auf Apparaturen angewiesen, auf Produktionsmittel notabene, über die sie privat nur in Gestalt von Miniaturausführungen verfügen können (und der »Auftrag« ist, wie bei jedem »freien Mitarbeiter« lediglich das sichtbare Zeichen einer permanenten konzeptuellen Abhängigkeit). Doch subjektiv stellt sich die düstere Lage freilich oft noch anders dar, als bloß opportunistischer Pakt mit der Technologie, um quasi in eigener Regie die Medien zur Fixierung und Verbreitung der eigenen, originalen Werke einzuspannen. Aber selbst wenn man nicht gerade in einem der wenigen Rundfunkstudios für elektronische Musik arbeitet, wird man kaum davon absehen können, daß die Medien doch, früher oder später, die wahren Produktionsmittel sind.

Der Komponist im Rundfunkstudio sollte sich hingegen so ernsthaft auf eine Medienreflexion im Sinne Adornos einlassen wie auf die Lösung kompositorisch-technischer Probleme. Dann wäre vielleicht auch der Radio-, das heißt Medienaspekt von Komposition nicht länger zu vernachlässigen, dem Adorno übrigens eine gewisse Priorität zuerkannte, denn: »Legitime Radiomusik könnte nicht einfach vom Standpunkt des aktuellen Komponierens ausgehen, also einzig aus hochqualifizierten Stücken bestehen...«[8] zumal wenn es sich dabei, wie fast generell, um Produktionsaufnahmen oder gar Konzertmitschnitte von Instrumentalmusik handelt. Adorno ging in einer Art Gedankenexperiment sogar so weit, seine Ästhetik der »Radiomusik« direkt aus dem Operieren des Hörers mit dem Gerät zu entwickeln: »Man müßte experimentieren mit Kompositionsweisen, die dem Verhalten des Hörers entsprechen, der mit den Knöpfen herumspielt und darauf lauert, was er erwischt. Wie einst im Kino, als es noch nicht von der hohen Kunst erniedrigt war, müßte man in jedem Augenblick ein- und aussteigen können ohne Schaden für die Musik. Die Parallele zu aleatorischen Kompositionen leuchtet ein.«[9] Wenn sie Adornos Konzept auch auf andere Weise verwirklicht, sollte man hier, schon ihres Titels wegen, wenigstens eine beim Namen nennen: Cages »Radio Music« von 1956, und dabei nur eine aus einer ganzen Reihe von Kompositionen, die Cage zwar nicht wie andere

---

[8] A.a.O., S. 231.
[9] Ebd. Gerade deren experimenteller Charakter hing jedoch unmittelbar von der *musikalischen* Verwendung der akustischen Medien, notfalls auch von ihrer Eliminierung ab – siehe Heinz-Klaus Metzger, »Über Schallquellen«, in: Collage I (7), Palermo 1963, Seite 26 ff.

Stücke speziell für den Rundfunk (einen Sender), wohl aber für live von Interpreten, womöglich auch von Hörern gespielte Radioapparate geschrieben hat und die man zusammen mit anderen Gruppen von Stücken als Medienkompositionen bezeichnen könnte.

In der neueren Medientheorie herrscht allerdings zuweilen wenig Verständnis für solches Experimentieren, sei's nun das theoretische Adornos oder das praktische Cages – beide kommen gleich schlecht weg, so beispielsweise bei Enzensberger. In seiner offenbar progressiv gemeinten Theorie der Medien, die Fertigteile aus vielerlei Baukästen verwertete[10], rechnet er Cage umstandslos jener »künstlerischen Avantgarde« zu, »deren Programm konsequenterweise nur die Alternative von Nullsignalen und amorphem Krach zuläßt« und führt als schlagenden Beweis Cages »Lecture on Nothing« (1959) an, und all dies, um Cages zeitweilige, hier vorsorglich zurückdatierte Affinität zu den Gedankensprüngen des Mediologen Marshall McLuhan[10] zu belegen. Abgesehen davon, daß Krach, die systematische Ton- und Bildstörung angesichts unerträglicher Medienprogramme ein legitimer, befreiender Akt der Notwehr sein kann, sind Cages »Programme« aus rund dreißig Jahren keineswegs auf die simple Alternative Enzenbergers zu bringen.

Doch möglicherweise sind diese vieldeutigen, komplexen und verwirrenden, andererseits oft erstaunlich (oder ärgerlich) einfachen Programme nur zu wenig bekannt, vor allem, wenn man sich näher für ihren Medienaspekt interessiert. Denn zweifellos war es von Anfang an die irreguläre und daher überraschende Verwendung der Medien, die Cages Stücken ihr Besonderes, ihre spektakulären Momente sicherte und seine Praxis wohl noch heute von der aller anderen Komponisten (auch der mit ihm befreundeten amerikanischen – Wolff, Feldman, Brown...) unterscheidet. Schon die Geräte sind in den Aufführungen präsent, werden nicht als reine »Technik« behandelt und im Hintergrund manipuliert, und dasselbe gilt für die Medienprogramme, die unzensiert in den zuvor von der Außenwelt abgeschirmten Konzertsaal eindringen dürfen: Radios, sonst privat gespielt, nun in der öffentlichen Aufführung; Tonbandgeräte, Film- und Diaprojektoren in Massen; ein Fernseher im Diskurs mit einem Klavierkonzert usw. Andererseits ist der Umgang mit der Apparatur wie der mit Objekten und Maschinen aller Art zumindest für Cage so sehr zu einer Selbstverständlichkeit geworden, daß er in seinen Texten und Interviews relativ selten auf Einzelheiten ihrer Funktion zu sprechen kommt.

Trotzdem wäre es sicherlich falsch, Cages Medienkompositionen allzu rigoros vom übrigen, noch fürs traditionelle Instrumentarium der Musik komponierten Werk zu isolieren, also nur die Medienkonfigurationen

---

[10] Hans Magnus Enzensberger, »Baukasten zu einer Theorie der Medien«, Kursbuch 20, 1970, S. 178. Dafür findet sich auf Seite 195 in Eckhard Siepmanns Beitrag »Rotfront Faraday. Über Elektronik und Klassenkampf« ein aufschlußreiches Zitat aus »A Year from Monday«: Nachdem er mir zugehört hatte, fragte er: »Sind Sie ein Marxist?« Antwort: »Ich bin Anarchist, ebenso wie Sie es sind, wenn Sie telefonieren, das Licht an/ausschalten, Wasser trinken.« (John Cage).

im engeren Sinne und nicht ebenso den Medienaspekt rein instrumentaler Zusammenhänge zu analysieren. Die folgende Zusammenstellung verzeichnet nicht alle Kompositionen, in deren Aufführung gegebenenfalls auch Medien mitwirken können. Dagegen kann man manche der darin enthaltenen Stücke je nach Gesichtspunkt (zum Beispiel: für Radiogerät *oder* Plattenspieler; aktuelle Klangproduktion + Reproduktion einer Aufnahme; audiovisueller Aspekt usw.) mehreren Gruppen zuordnen:

Schallplattenstücke
1939 Imaginary Landscape No. 1
1942 Imaginary Landscape No. 3
     Credo in Us
1952 Imaginary Landscape No. 5
1958 Music Walk
1960 WBAI
1969 33 1/3

Radiostücke
1942 Credo in Us
1951 Imaginary Landscape No. 4
1952 Water Music
1955 Speech
1956 Radio Music
1958 Music Walk
1959 Water Walk
1960 WBAI

Tonbandmusik
1952 Williams Mix
     Imaginary Landscape No. 5
1958 Fontana Mix
1960 Music for »The Marrying Maiden«
     WBAI
1965 Rozart Mix
1972 Bird Cage

Audiovisuelle Medienkompositionen (»Audiovisual Performances«)
1952 Water Music
1958 TV Köln
     Music Walk
1959 Water Walk
     Sounds of Venice
1960 Theatre Piece
     WBAI

1965   Variations V
1967–69 HPSCHD
1968   Reunion
1970   Song Books
1971   Newport Mix
         WGBH – TV
1973   Etcetera
1974   Score
1975–76 Lecture on the Weather

In Robert Dunns Werkkatalog von 1962 sind die meisten der hier nach der Mitwirkung charakteristischer Medien gruppierten Stücke noch unter klassischen Besetzungskategorien wie Piano, Various Solos and Ensembles, Percussion zu finden, mit Ausnahme der unumgänglichen Rubriken »Magnetic Tape« und »Audiovisual« für Tonbandkompositionen bzw. audiovisuell konzipierte Stücke. Der Katalogisierung lag demnach ein anderes Einteilungsprinzip zugrunde, das nicht zwischen spezifischem Instrumentarium der Musik und den Kommunikationssystemen, die auch Musik integrieren, unterschied, sondern von den verschiedenen Arten der Klangerzeugung ausging. Dieser erste Versuch einer Gliederung läßt sich indes bei manchen Stücken auch dann rechtfertigen, wenn man dem Medienaspekt heutiger Musik den Vorrang einräumt, so etwa bei den unter »Percussion« figurierenden Nummern 1–3 der »Imaginary Landscapes«, die Cages Experimentieren mit einem immens erweiterten – eben um Geräte und Objekte aller Art erweiterten – Schlagzeug resümieren und zumindest historisch gesehen zu den Schlagzeugstücken gehören. Dabei zeichnete sich früh eine Entwicklung ab, die sich später in Europa wiederholen sollte, wo auf ähnliche Weise die unter dem Titel Schlagzeug befaßten Geräuscherzeuger des einzig noch unverbrauchten, da nicht auf bestimmte Tonhöhen fixierten Instrumentariums Schlagzeug zum Kristallisationspunkt von Musique concrète und elektronischer Musik wurden. Cages und anderer Komponisten Stücke für »Schlagzeugorchester«, eine oft noch heute übersehene Produktion, sind derart neben vereinzelten, insgesamt unerheblichen Medienexperimenten der zwanziger und frühen dreißiger Jahre das missing link zwischen Edgard Varèses Werken (vor allem der »Ionisation« für 38 Schlaginstrumente) und der Tonbandmusik der fünfziger Jahre, die als Musique concrète – bedingt durch die technische Einrichtung des Pariser Studios bis 1951 mit Hilfe von Schallplatten produziert – zunächst eine genuine »Schallplattenmusik« war.[11]

---

[11] In einem Artikel von 1942 berichtete Cage ziemlich detailliert über Experimente im Archiv für Klangeffekte eines Rundfunksenders, das er zusammen mit der Chikagoer Schlagzeuggruppe besucht hatte (vgl. Richard Kostelanetz, John Cage, Köln 1973, S. 93). Dabei wurde neben »elektrischen Summern, gedämpften Gongs, Blechdosen-Xylophonen, Marimbula, einer Drahtspirale und aufgenommenen Klängen« auch ein Hörfrequenzoszillator verwendet: »Die Drahtspirale war durch einen Phono-Tonabnehmer-Arm mit Verstärker und Lautsprecher ver-

»... use some classic ...«

Cages frühe Versuche mit dem Medium Schallplatte überraschen immer wieder durch den unterschiedlichen Mediengebrauch, vergleicht man etwa die »Imaginary Landscape No. 1« von 1939 mit dem nur drei Jahre später komponierten »Credo in Us« für Schlagzeugquartett (darunter ein elektrischer Summer) und Radio oder Phonograph. Das Instrumentarium des ersten Stücks verzeichnet neben gedämpften Klaviersaiten und Becken die damals zu Testzwecken verwendeten Meßschallplatten mit konstanten und variablen Sinusfrequenzen, mit denen auf Plattenspielern mit variabler Geschwindigkeit Tonfolgen und Glissandi erzeugt wurden (die von fern an die Sirenen in Varèses »Ionisation« erinnern). Die Schallplatten wurden also quasi instrumental verwendet und hatten demnach eine Aufgabe zu übernehmen, die sich heute bequemer oder vielmehr ausschließlich mit Hilfe eines Synthesizers lösen läßt. Dennoch war das Medium kein Instrument unter anderen, die Erweiterung des Instrumentariums hatte die Unaufführbarkeit der Komposition zur Folge, die nur mehr »als Sendung oder Schallplattenaufnahme« produziert und wiedergegeben werden konnte. Es handelte sich also bereits – worauf der Autor Jahrzehnte später mit Recht hingewiesen hat – um »ein Stück Urmusique concrète«, ja sogar bereits um elektronische Musik mit Instrumenten, nicht allein aufgrund des Klangmaterials, sondern kraft seiner Präsentationsweise. In der »Imaginary Landscape No. 1« ist die künftige Musik erstmals als elektronisch manipulierte Lautsprecher-Musik imaginiert.

Hingegen setzt sich das einzig in einer Aufführung wirksame »Credo in Us« bereits mit dem Medienaspekt aller im Studio produzierten wie auch live aufgeführten Musik auseinander.[12] In der Partitur ist lediglich der

bunden. Diese Anordnung hatte ein Experte für Klangeffekte ausgetüftelt, um verschiedene Explosions- und Rumpelgeräusche aus Natur und Krieg darzustellen. Lautstärke und Auftreten der hohen und tiefen Obertöne wurden anhand einer Skala gesteuert. Mittels eines Schiebereglers konnte man von der größten Lautstärke zu völliger Stille übergehen und wieder zurück. Frequenzaufnahmen und Aufnahmen vom Gejaul eines Hundes wurden auf Plattentellern verwendet, deren Umlaufgeschwindigkeit sich variieren ließ, so daß man gleitende Töne erhielt. Um den Klang zu erzeugen, setzte man eine Nadel auf die Platte, obwohl daraus zuweilen ein scharfer Einsatz resultierte. Dem war eine Anordnung von Knöpfen vorzuziehen, durch die es möglich war, die Nadel vor dem gewünschten Einsatz auf der Platte zu haben, wobei je nach Stellung der Knöpfe Klang oder Stille erzeugt wurde. Auch hier konnte man die Lautstärke des Klangs wiederum sehr genau steuern. Ein Spieler kann mehrere Plattenteller bedienen und eine einzelne Stimme ausführen, die für Erdrutsch, Regen, Preßluft oder für irgendwelche anderen konkreten Klänge geschrieben ist.«

[12] Ein anderes Credo, der bereits 1937 geschriebene Text über »Die Zukunft der Musik«, skizziert gleichfalls schon einiges vom Konzept der späteren Tonbandmusik, indem er auf die Ressourcen des Tonfilms verweist: »Jedes Filmstudio hat ein für Film gespeichertes Archiv für ›Klangeffekte‹. Mit einem Filmphonographen kann man heute Amplitude und Frequenz eines jeden Klanges steuern und ihn mit Rhythmen versehen, die innerhalb oder auch jenseits der Reichweite unserer Vorstellungskraft liegen. Sind vier Filmphonographen verfügbar, können wir ein Quartett für Explosionsmotor, Wind, Herzschlag und Erdrutsch komponieren und aufführen. ... Die Komponisten können heute unmittelbar Musik machen, ohne die Mithilfe von Interpreten. Jedes auf einer Tonspur genügend oft wiederholte Muster wird hörbar. Auf einer Tonspur werden 200 Kreise pro Sekunde einen Klang ergeben, wogegen ein 50mal pro Sekunde wiederholtes von Beethoven auf einer Tonspur nicht nur eine andere Tonhöhe, sondern auch eine andere Klangqualität besitzen wird.« (A.a.O., S. 83 bzw. 84.)

zeitliche und dynamische Verlauf der »Schallplatten- bzw. Radiostimme« notiert, nicht jedoch, welche Ausschnitte aus welchem Werk in der Aufführung konkret zu hören sein werden. Denn die Anweisung für den Plattenspieler lautet: »if Phonograph, use some classic: e. g. Dvořák,

Credo in Us

Beethoven, Sibelius or Shostakovich.« Die Schallplattenstimme wurde also von einem anderen komponiert, von »irgendeinem Klassiker«, der nicht wissen konnte, daß sein Werk nun offenbar wie vor Gericht gegen ihn benutzt und ausgespielt werden soll. Aber die Grausamkeit des Komponisten trifft einen Wehrlosen nur, um die Misere seiner vom Nutzungsdenken betriebenen Wehrlosigkeit manifest zu machen. Denn die Polemik des Stücks ist evident in dem Sinne, daß heute nichts und niemand aus irgendeinem Medium mehr zitiert werden kann, ohne zugleich auf den Verwertungsmechanismus zu verweisen, in den er geraten ist. Die Polemik kehrt sich ebenso gegen die konservierte, affirmativ gewordene Klassik wie gegen die miserable Interpretation, die, millionenfach verbreitet, der Verballhornung ein Denkmal setzt und den Klassiker tötet, ohne daß der betrogene, dem Notenlesen und erst recht der Partitur entfremdete Hörer es je bemerken könnte; gegen die Verbreitung der immer gleichen, »neu eingespielten« auf Kassette gezogenen Werke, die den Hörer stets aufs neue in dem bestärkt, was man ihm zuvor als eiserne Ration (und Ratio) eingeredet hat; gegen eine »Werbung« für die Klassik, die nur ein Vorwand ist, dem Hörer, den man *musikalisch* gewiß nicht überfordern will, die Vielfalt und Komplexität der unter diesen Titel subsumierten geschichtlichen Phänomene vorzuenthalten. Mag sein, daß die Medienorganisationen ihrer Struktur und Eigendynamik wegen die Musikliteratur wie jede andere als Material benutzen müssen. Dann besteht Cages »Grausamkeit« aber darin, daß er seinerseits die von den Medien vermittelte Musikliteratur als Material benutzt, destruiert und aus diesem Grund der Meinung ist, es sei »das beste, was ihr geschehen kann«[13].

Der Medienaspekt des »Credo« ist jedenfalls nicht mehr auf die pure Technologie der angewandten Apparatur zu reduzieren. Daher eignet der Schallplatten-(bzw. Tonband-)version des Stücks etwas Demonstratives: komponiert ist auch das Verhältnis des Komponisten John Cage zu den von der Öffentlichkeit akzeptierten Klassikern, ebenso das Verhältnis der Menschen zu den Medien, verhandelt wird auch die Frage, wer wie wen gebraucht, wer mit wem operiert und mit wem und womit sich am ehesten operieren läßt. Im »Credo« triumphiert zum Schluß die Schallplatte, wie jede Lautsprecherstimme den unverstärkt geäußerten Protest mühelos übertönt. Insofern zielt Cages »musikalischer Spaß« vorbeugend schon auch auf den vielleicht einmal unvermeidlichen Klassiker Cage, und vermutlich nicht allein deshalb, weil die dann benutzbare Schallplattenaufnahme vom »Credo« in einer Aufführung des »Credo« über die kritische Intention des Stückes endgültig die Oberhand gewänne. Doch seine Abneigung gegen die Verwendung der Schallplatte und anderer Medien als bloßer Reproduktionsmittel wäre auch dann noch nachzulesen:

». . . obwohl die Leute annehmen, sie könnten Schallplatten als Musik verwenden, müssen sie schließlich begreifen, daß sie sie als *Schallplatten* gebrauchen müssen. Und Musik lehrt uns, würde ich sagen, daß der Gebrauch der Dinge, falls er sinnvoll sein soll, eine kreative Handlung ist. Deshalb ist die einzig lebendige Sache, die mit einer Schallplatte geschehen kann, daß man sie auf eine Weise gebraucht, die etwas Neues entstehen läßt. Wenn man zum Beispiel mit Hilfe einer Schallplatte ein anderes Musikstück machen könnte, indem man eine Schallplatte oder andere Geräusche der Umwelt oder andere Musikinstrumente einbezieht, dann würde ich das interessant finden, und tatsächlich habe ich in einem meiner Stücke diese Idee verwirklicht. . . . aber die nun entstandene Schallplatte selbst, die eine andere Schallplattenaufnahme enthält, benötigt noch andere Dinge, um lebendig zu werden. Unglücklicherweise benutzen die meisten Leute, die Schallplatten sammeln, sie auf ganz

---

[13] a.a.O., S. 164.

andere Weise: als eine Art tragbares Museum oder als beweglichen Konzertsaal.«[14]

Die Perspektive hat sich seither nicht wesentlich verändert: Komposition verhält sich kritisch gegenüber den verordneten Modellen der Rezeption, wie sie der normierte Mediengebrauch vorschreibt, und umgekehrt ermöglicht die Einsicht in die gesellschaftlich bedingte Struktur der Rezeptionsweisen »kreative Handlungen«. Ähnliches gilt für andere, nicht minder fixierte Verhältnisse, wie etwa das von Produktion und Reproduktion. Komposition kann sich im Zusammenhang mit bestimmten Projekten auch darauf beschränken, Voraussetzungen für neue Rezeptionsmöglichkeiten zu schaffen, diese nicht »kausal« zu determinieren. Was das bei Cage dann breit ausgeführte Thema »Unbestimmtheit« meint, ist in einem frühen, lückenlos notierten Stück wie dem »Credo« die Ungewißheit über die auszuwählende Schallplatte oder das, was aus dem eingeschalteten Radioapparat kommen mag. In den Kompositionen der vierziger und beginnenden fünfziger Jahre für traditionelles Instrumentarium, allem zuvor fürs Klavier (normal oder präpariert), erfaßt sie mit Hilfe von Zufallsoperationen zunächst alle Aspekte der Struktur und bezieht sich am Ende sogar auf die Auswahl des Instrumentariums. Auf dem Weg dahin entstand 1952 die Partitur von »Imaginary Landscape No. 5«, ein Plan »zur Produktion einer Tonbandaufnahme«. Sie beginnt mit der Auswahl des »Materials«, nämlich von 42 Schallplatten eigener Wahl, wobei sich wiederum zeigt, daß Medienprodukte am besten in Relation zu einem anderen Medium zu kritisieren sind. (Darin liegt vielleicht eine der Wurzeln des im 20. Jahrhundert entwickelten Verfahrens der Collage, jener Handlung, die fremd gewordene Objekte, gleichsam gefrorene, zur Ruhe gekommene Handlungen in einer Befreiungstat negiert, indem sie sie zerlegt und Teile des Materials neu kombiniert.)

Während die Produktion dieses Stücks noch streng nach Plan zu verlaufen hat, verzichtete Cage in der Folgezeit immer wieder darauf, den Produktionsprozeß, die Verlaufskurve der einzelnen Handlungen mittels ausgeschriebener Partituren festzulegen, besonders dort, wo es um den freien, solistischen oder kollektiven Gebrauch der Medien ging – und vermochte dennoch neue Gebrauchsweisen nahezulegen. In »33 1/3«, 1969 während eines Gesprächs konzipiert, und für 12 Plattenspieler gedacht, soll jeder der 12 Teilnehmer seine eigene Platte auflegen und zur Geltung bringen. Tut's ein jeder – wie zu erwarten – nach Kräften, kommt ein Lärmkonzert dabei heraus. Die rücksichtslose Verfolgung privater Interessen – hier mittels Aufdrehen des Lautstärkereglers – schädigt nicht allein »die anderen«, sondern schlägt auf das einzelne egoistische Subjekt zurück, das seine Platte nur hören wird, wenn es wenigstens für Augenblicke bereit ist, den anderen zuzuhören. Schließ-

---

[14] Zitiert nach der Beilage »Conversations with John Cage, Christian Wolff — Hans G Helms« zur EMI-Schallplatten-Kassette »Music before Revolution« (Ensemble Musica Negativa conducted by Rainer Riehn).

lich will jeder seine Platte nicht nur sich selber, sondern auch den anderen vorführen.

Während sich in diesem Beispiel die antagonistischen Handlungs- und Verhaltensweisen quasi von selbst regulieren müssen oder in vulgäranarchistischer Uneinsichtigkeit verharren, sollen die Ausführenden von Cages »Cartridge Music« (1960) anhand graphischer Materialien vorweg »Aktionsprogramme« festlegen. Akustisches Material sind hier nicht mehr Medienprodukte, sondern »elektrisch verstärkte Mikroklänge«, die mit einem »cartridge«, also dem an einen Verstärker angeschlossenen Tonabnehmer eines Plattenspielers erzeugt werden. Anstatt also die Schallaufzeichnung einer Platte in Tonschwingungen umzusetzen, dient der Tonabnehmer zur Produktion elektronischer Klänge und Geräusche, die dadurch entstehen, daß er mit verschiedensten Gegenständen (aus Metall, Holz etc.) in Berührung gebracht wird. Dabei operieren die Spieler an den Tonabnehmern und Lautstärkereglern unabhängig voneinander, was wiederum dazu führt, daß manche Operation mit dem (oder den) Tonabnehmer(n) unhörbar bleibt, weil ausgerechnet an dieser Stelle der Verstärkerregler laut Ausarbeitung auf Null steht. Sowohl die Verknüpfungen wie auch die Aufführung als Ganzes, das Resultat, sind demnach unvorhersehbar.

Das Radiogerät als Sender

Einer Konzeption von Musik, die um die Unvorhersehbarkeit und Gleichwertigkeit aller Ereignisse (und durchaus nicht allein der klanglichen) kreist, empfiehlt sich das Radiogerät als das angemessenste »Instrument«, als geradezu kongeniale Schallquelle. Die herkömmlichen Musikinstrumente sind deshalb zwar noch lange nicht tabuisiert, können aber trotz einer Vielzahl von Präparationsmöglichkeiten, auch in Verbindung mit alltäglichen, akustisch relevanten objets trouvés ihren Klangcharakter nur bis zu einem gewissen Grade verleugnen. Nicht viel anders steht es etwa mit einer Schallplattensammlung, betrachtet man sie als Materialspeicher: sie repräsentiert ein jeweils fest umrissenes Repertoire an Werktiteln, dem man durch geeignete Auswahlverfahren soweit gerecht werden kann, daß schließlich ein neues Stück entsteht, das den »Geist« dieser Sammlung und den ihres Besitzers reproduzieren wird. Dagegen hat der Radioapparat immerhin den Vorzug, eben nicht allein Musik (oder allenfalls noch Literatur, Dokumentarisches) wiederzugeben, sondern in wie immer auch ideologisch verzerrter Form Momentaufnahmen aus den verschiedensten Bereichen gesellschaftlicher Aktivität, soweit sie von den diversen Programmsparten des Rundfunks reflektiert werden. Keinem Radiohörer wird indes je die Gesamtheit aller zu einem bestimmten Zeitpunkt ausgestrahlten Rundfunkprogramme vorliegen. Zwar verfügt er über ein Gerät, wählt jedoch, sobald er den engeren Sendebereich verläßt, blind, kann also kaum wissen, was bei einer Drehung des Reglers nach rechts oder links herauskommt.

Auch derlei Erfahrungen sind für Cages Radiostücke wichtig: sie werten sie aus. Der Griff nach dem Radiogerät war mehr als eine Laune des Zufalls, um so mehr ein Schachzug, je entschiedener seine kompositorische Arbeit in Richtung Indetermination tendierte, wobei die Methodik der Zufallsoperationen zugleich das absichtslose Drehen an den Knöpfen des Geräts künstlich wie kunstvoll rekonstruieren soll. Doch auf der Stufe einer noch eindeutig fixierten Notation, wie sie im »Credo«

Imaginary Landscape No. 4

begegnet, wurde die Unvorhersehbarkeit der einzelnen Radioereignisse vorweg durch die Anweisung »wird ein Radiogerät verwendet, sind Nachrichtensendungen während nationaler und internationaler Krisensituationen zu meiden« eingeschränkt. In der Phase des Komponierens am Leitfaden von Zufallsoperationen gelten dann nur mehr jene Einschränkungen, die sich aus der Natur des gewählten Mediums selbst ergeben: der Komponist darf aus Treue zum Prinzip sozusagen keine Sonderwünsche mehr äußern. Das zeigt sich an der 1951 entstandenen »Imaginary Landscape No. 4« für 12 Radioapparate, 24 Spieler und einen Dirigenten, nun erstmals innerhalb dieser Reihe eine reine »Medienlandschaft«. Cage komponierte sie mit dem gleichen Tabellensystem, das er für die Ausarbeitung des Klavierwerks »Music of Changes« (1951) verwendet hatte, als wollte er vom ersten Moment der Fixierung an dartun, daß der profane Radioempfänger nun endgültig zu einem wertvollen Musikinstrument avanciert war. Die Analogie geht noch weiter, denn wie die Klavierkomposition wurde das Radiostück auf normalem Notenpapier notiert, sieht daher dem von der Instrumentalmusik her vertrauten Notenbild zum Verwechseln ähnlich. Die Parameter des Klangmaterials waren ohnehin nicht grundverschieden, mit einer Ausnahme: bei der Bestimmung der Werte (mittels Würfelwurf) für Klang oder Stille, Überlagerung mehrerer Klänge, Dauer, Dynamik und Tempi waren statt fixer Tonhöhen oder Geräuschen die Wellenlängen oder Frequenzen der Sender bzw. zwischen den Sendern einzusetzen. Denn natürlich verzeichnet das Stück nicht allein Frequenzen, auf denen gesendet wird, die demzufolge mit relativer Trennschärfe eingestellt werden können, um derart einen ungestörten Empfang zu ermöglichen, sondern ebenso auch die Bereiche dazwischen, wo mehrere Sender einander überlagern (»Wellensalat«), Rauschbänder, Sinustöne und Knacke zu hören sind.

Die Komplexität des Notenbildes steht jener der »Music of Changes« in nichts nach, übertrifft sie insofern noch um einiges, als allein schon der rasanten Tempi wegen (sie variieren zwischen MM = 80 und 172 pro Viertel) eine »Stimme« nur von zwei Spielern an einem Gerät auszuführen ist, von denen der eine Frequenzen und Dauern, der andere die Lautstärkeverläufe zu übernehmen hat (bei einer Skala von 15 Lautstärken mit den dazwischenliegenden crescendi und diminuendi!). Arbeitsteilung ist in diesem Stück demnach bereits für die Wiedergabe einer einzelnen Stimme konstitutiv und diese bereits ein Produkt menschlicher Zusammenarbeit, während etwa der Pianist trotz partieller Unvorhersehbarkeit der von ihm produzierten klanglichen Resultate de facto immerhin noch sämtliche Fäden der Struktur in seinen Händen hält. Er »gebietet«, wenn überhaupt, dann differenzierter denn je zuvor über den Klavierklang.Der Radioklang, seine konkrete Zusammensetzung, entzieht sich indessen dem Kommando des einzelnen Spielers, er kann nur innerhalb der vorgezeichneten Zeitintervalle »akzeptiert« werden, im übrigen als ein Signal von irgendwoher, das aufgefangen und modifiziert wird. Substantieller als jemals der Instrumentalklang zuvor ist daher jede Aufführung eines Radiostücks von Ort und Zeit der Aufführung abhängig und modelliert unter diesen spezifischen Bedingungen einen unwiederholbaren Querschnitt des aktuell »gefunkten« Informationsangebots, dessen Dichte, Störungen, Banalität: komprimiert auf vier Minuten.

Verglichen mit dem »Credo in Us« ist die »Imaginary Landscape No. 4« wie auch die nicht mehr traditionell notierte, im wesentlichen Frequenztabellen offerierende »Radio Music« (für 1 bis 8 Spieler) von 1956 schon eher »absolute« Radiomusik. Gleichwohl fungiert das Radiogerät nicht allein als usurpiertes Musikinstrument, ebensowenig wie die Signale, die da als Musik registriert werden, von einem anderen Stern kommen. Denn jede Aufführung eines Radiostücks impliziert eigentlich eine fast schon revolutionäre Aktion: faktisch dienen die Radioempfänger den Spielern nämlich als Sender, die mithin musikalisch realisieren, was technisch »prinzipiell« möglich wäre. Derart rebellieren sie aber gegen das kommunikationstheoretisch begründete Sender – Empfänger-Schema, dem gerade die am technischen Fortschritt partizipierende Musik angepaßt wurde – doch was wären denn die öffentlich-rechtlichen wie privaten Sendeanstalten ohne den willfährigen Machtfaktor Musik, deren selbstverordnete Naivität: sie wird wenigstens einen Moment lang durch das obenhin so naive und vergebliche Spiel gestört. Dabei zeigt sich auch das Besondere des »Instruments«, mit dem operiert wird, das zwar musikalisch etwas hergeben mag, doch nicht speziell für die Musik entwickelt wurde, und es zeigt sich beim Radio und seinen vorstrukturierten Programmen noch unübersehbarer als bei anderen akustischen Medien. Der Empfänger, der Sender spielen will, erfährt hier die rigorose Abhängigkeit vom realen, gesellschaftlich kontrollierten Sender, und die tausend Splitter, aus denen sich »seine« Produktion, das Endprodukt schließlich zusammensetzt, verraten etwas über jene Interessenkoalitionen, welche die Medien planmäßig als Instrumente stillschweigender Desinformation, wäre sie nicht längst schon offene Repression, »einsetzen«.

Andere Medienstücke Cages, die ebenfalls in den fünfziger Jahren entstanden, knüpften wieder an die Tradition des »Credo« an, um sie noch weiter zu konkretisieren. Unübertrefflich gelang dies in der »Water Music« (1952), einem der komplexesten Medienstücke überhaupt; »Wassermusik« nicht mehr symbolisch, illustrativ, sondern ganz wörtlich gemeint, vor allem was das »Element« Wasser angeht, das im Verlauf der Aufführung mehrmals von einem Behälter in einen anderen gegossen wird. Ein ganz alltäglicher Vorgang, wie das Ein- bzw. Ausschalten und Einstellen des Radiogeräts auf eine vorgezeichnete Wellenlänge, das Blasen auf verschiedenen Pfeifen usw. Alltägliche Vorgänge dieser Art werden aufs Konzertpodium transponiert, von einem Pianisten ausgeführt, dessen Klavierspiel im engeren Sinne – wenn er einzelne Tonfolgen oder Klänge anschlägt, den Klavierdeckel zuklappt etc. – demgegenüber in eine quasi-alltägliche Umgebung versetzt erscheinen. Andererseits sind alle Aktionen zeitlich bis auf Bruchteile von Sekunden genau festgelegt. Nicht minder komplex ist die Situation für den Zuhörer im Publikum, gerade wenn das Stück innerhalb eines konventionellen Konzerts aufgeführt und dort das moderne Medium Radio, das er selbst (auch ohne Hochschulausbildung) täglich benutzt, im antiquierten Medium »gespielt« wird. Er ist zwar in einem Konzert und kann sich dennoch wie Zuhause fühlen, wo über ihm Klavier gespielt, nebenan gepoltert wird, während er selbst eine Sendung sucht und jemand unten auf der Straße dazu pfeift. Sichtbar anwesend ist noch ein anderes Medium: die Partitur, deren 12 Seiten, zu einem großen Plakat zusammengeklebt, auf dem Podium ausgestellt werden sollen, zum Mitlesen und in jedem Fall an die bei Aufführungen generell unterschlagene schriftliche Dimension von Musik erinnernd. Demnach bestehen mannigfache Voraussetzungen für unverbrauchte Zusammenklänge, wenn beispielsweise eine Rundfunksprecherin sekundenlang auf der Trillerpfeife »begleitet« wird, unbestreitbar an der Aufführung mitwirkt, ohne aller Voraussicht nach je etwas davon zu erfahren; oder wenn zufällig eine Klavieraktion auf ein Partikel der Händelschen Wassermusik prallt, oder – mit noch geringerer Wahrscheinlichkeit – die »Water Music« von John Cage via Lautsprecher erklingt, um die Medienproduktion in statu nascendi mit ihrem eigenen Produkt zu kommentieren.

Der in der »Water Music« noch stationär am Klavier agierende Interpret erlangte bald mehr Bewegungsfreiheit, die szenisch-visuelle Komponente wurde im »Music Walk« (1958) und im »Water Walk« (1959) dramatisiert, denn die Pianisten sollen nun ständig zwischen den möglichst weit voneinander entfernten Instrumenten und Radiogeräten (dazu im »Water Walk« Küchenmaschinen und Wasser in den drei Aggregatzuständen) unterwegs sein, erschließen mithin den Raum, was im Grunde schon auf künftige Projekte (auch anderer Komponisten) hindeutet, auf Simultanaufführungen in mehreren Räumen, Mobilität der Hörer usw. Ein anderes Stück könnte auch der eben erwähnten Rundfunksprecherin zugedacht sein: »Speech« (1955) für 5 Radios und eine(n) Nachrichten-Vorleser(in). Die Nachrichten können Zeitungen[15] und Magazinen entnommen und nach einem Zeitplan (»Redezeiten« verzeichnend) verlesen werden; desgleichen operieren die Radiospieler nach individuell differierenden Zeitplänen (Angaben über Ein- und Ausschalten des Geräts, crescendi und diminuendi); die Gesamtdauer ist auf 42 Minuten fixiert.

Die Radioklänge, das zeigte dieser Überblick, werden also stets direkt, »live« erzeugt, ob nun das Gerät als Sender dient oder andererseits den »normalen« Mediengebrauch reflektieren soll. Die Radioklänge werden also nicht zuvor auf Tonband fixiert und kompositorisch bearbeitet, hernach in die Aufführung »eingespielt«. Das lehrt, daß Medien, kompositorisch verwendet, nicht ohne weiteres austauschbar, konvertibel sind. Radiokomposition mußte daher andere Konzepte verfolgen als etwa die Tonbandkomposition, die gleichwohl jahrzehntelang allzu viele kompositorische Energien absorbierte.

---

[15] Apropos: Cage wies einmal beiläufig auf die Ähnlichkeiten zwischen der Lektüre des Mediums Zeitung und der Interpretationspraxis neuer Klaviermusik hin: »Ist je Ihnen aufgefallen, wie Sie die Zeitung lesen? Sie springen hin und her, lassen Artikel unbeachtet oder lesen Sie nur zum Teil, wenden sich diesem und jenem zu. Es ist so gar nicht die Art, wie man Bach in der Öffentlichkeit liest, aber präzis so, wie man Christian Wolffs Duo II for Pianists öffentlich liest.« (Übersetzung von Hans G Helms in: die Reihe 5, Wien 1959, S. 108; A Year from Monday, Middletown 1970, S. 136/137).

Tonbandmusik für Interpreten

Cages Distanz zu den Prinzipien und Produktionsweisen der seit Anfang der fünfziger Jahre rasch expandierenden »konkreten« und »elektronischen« Tonbandmusik ist in der Tat auffällig, vergegenwärtigt man sich, daß das Tonband alles in allem noch heute das wichtigste der neueren akustischen Medien kompositorischer Arbeit darstellt. Jene Momente indes, die es für andere Komponisten dazu prädestinierten, eben sie scheinen bei Cage höchstens am Rande relevant, wenn nicht seinen Vorstellungen geradezu entgegengesetzt, wie etwa das Argument, mit Hilfe des Tonbands könne der Komponist sein Werk ohne die bis dahin unumgängliche Vermittlung durch Interpreten realisieren, ein Argument nur für denjenigen, dem die risikoreiche Freiheit der Interpretation längst zuwider war. Demgegenüber meinte Cage allerdings eine andere Freiheit, welche ganz im Gegenteil die Befreiung des Interpreten (mit allen vorhersehbaren Konsequenzen) voraussetzte. Statt dem Tonband zugleich die Funktion von Partitur *und* Interpretation aufzubürden, bezog er die einleuchtendsten Argumente für solche Befreiung auch aus gewissen Eigenschaften des Mediums selbst, wie ein Text aus dem Jahr 1957 (ein Jahr vor dem »Klavierkonzert« geschrieben) explizit:

»Zunächst vermochte man mit mehreren Tonbändern keine vollkommene Synchronisierung zu erreichen. Das führte dann zur Herstellung von Mehrspurbändern und zu Maschinen mit einer entsprechenden Anzahl von Tonköpfen, während andere – jene nämlich, die Klänge akzeptierten, die sie nicht beabsichtigt hatten – nun einsehen, daß die Partitur, nämlich die Forderung, daß viele Stimmen ihrer besonderen Zusammengehörigkeit gemäß gespielt werden sollen, die Dinge nicht so darstellt, wie sie wirklich sind. Die das eingesehen haben, komponieren daher Stimmen, keine Partituren, und die Stimmen mögen in jeder zu-

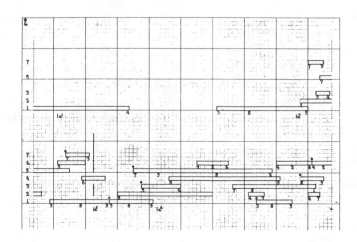

Aus: Imaginary Landscape No. 5

vor ungeahnten Weise miteinander kombiniert werden. Was bedeutet, daß jede Aufführung eines solchen Stückes Musik einzigartig ist, so interessant für den Komponisten selbst wie für die anderen, die zuhören.«[16]

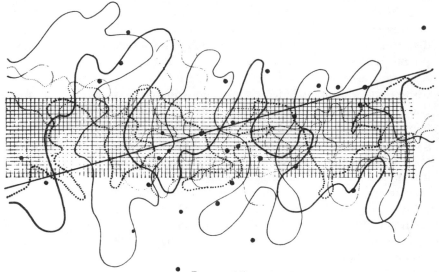

Fontana Mix

Record just anything (lots of speech, some music not much in way of continuous noises) then cut quite small (not longer than 4 or 5 inches, down to fragments – tiny). Then splice together ignorantly sometimes not or → but ← ↗ ↗ ↘ etc. Make only a few shortest viable length; make some very long – all lengths in betw. perhaps determining length by chance. Need Xerox of this too.

Aus: Rozart Mix

[16] John Cage, Silence, Middletown, Connecticut 1960, S. 11.

Nicht einmal der Gleichlauf von Maschinen ist absolut – wieviel weniger kann er von einer Gruppe von Menschen gefordert werden, es sei denn von heillos dressierten. Wohl bezieht sich dies hier auf die Modi instrumentalen Zusammenspiels, aber auch Cages Tonbandmusik wurde fast durchweg so konzipiert, daß sie allein durch Interpreten, die sie vorweg erst erarbeiten müssen, zu realisieren ist, widersetzt sich mithin dem zur Norm erhobenen Schematismus von einmaligem Aufnahmeprozeß und multipler Wiedergabe, das heißt dem Diktat massenhafter Reproduzierbarkeit. Diese setzt definitive Fixierung voraus, was aber schon rein technologisch dem Prinzip der Indetermination widerspräche, dem sich Cages Komponieren fast genau in dem Augenblick verschrieben hatte, als die Tonbandtechnik musikalisch relevant zu werden begann. So besagte Tonbandkomposition dieses Typs denn auch, eine praktisch unbegrenzte Vielfalt von Lösungsmöglichkeiten kompositorisch-interpretatorischer Probleme offenzuhalten, eine Vielzahl von Klangquellen einzukalkulieren und sie nicht vorschnell, historisch zwar begründbarer, indes doch künstlicher Antithesen wie konkret – elektronisch zuliebe hierarchischer Gliederung zu unterwerfen, selbst wenn dann auch die akustische Massenware, die Cage nie verschweigen wollte, davon verschont blieb.

Folglich sind die Stücke für Tonband so angelegt, daß sie von anderen produziert werden und darum so interessant und überraschend für den Komponisten selbst wie für die Zuhörer ausfallen können. Zunächst – 1952 – kombinierte Cage das bereits erprobte Medium Schallplatte mit dem kommenden Medium Tonband. Die Partitur von »Imaginary Landscape No. 5« ist ein Synchronisationsplan, nach dessen Angaben Bruchstücke aus 42 beliebig auszuwählenden Schallplatten eventuell auch von technisch versierten Hörern zum Stück komponiert werden können. Das Medium Partitur ist ebenso dem gleichfalls 1952 ausgearbeiteten »Williams Mix« vorgeschaltet, allerdings eine Partitur von 192 Seiten (für vier Minuten Musik), in der Cage nicht weniger als sechs verschiedene Kategorien von akustischen Materialien jeglicher Art unterscheidet, die beim Aufbau einer »Klangbibliothek« zu berücksichtigen sind. Zwar existiert neben der Realisationspartitur auch eine vom Komponisten produzierte Tonbandfassung des »Williams Mix«, aber im Gegensatz zu den Partituren elektronischer Musik, die schon aus technischen Gründen kaum mehr mit den ursprünglich vorgesehenen Mitteln zu realisieren sind, deren graphisch und verbal vermittelte Instruktionen außerdem zumeist nachträglich entstandene Arbeitsprotokolle der einzelnen Produktionsphasen im Studio darstellen, enthält hier die Partitur, ziemlich übereinstimmend mit ihrer traditionellen Funktion, die Summe aller Möglichkeiten eines Stückes. (Allerdings hat in einer späteren Wendung auch Cage, und dies quasi ostentativ, im nachhinein notierte Aufführungsprotokolle als Partituren »autorisiert«.)

Was bereits für den »Williams Mix«, gilt um so mehr für die bekannteste Tonbandkomposition Cages, den »Fontana Mix« aus dem Jahr 1958, dem Jahr des Klavierkonzerts und der »Variations I« (u. a.). Wird im Klavierkonzert auf die Koordinierung des Zusammenspiels durch Partitur und Dirigent verzichtet, so in den »Variations« auf die schriftliche Fixierung der Parameter des Klanges insgesamt, an deren Stelle die Deskription möglicher Operationen des Messens oder Beobachtens durch den Interpreten tritt. Kompositionen nehmen die Form von Konzepten an, sind solistisch oder kollektiv zu realisierende Projekte, die sich überdies simultan mit anderen Stücken aufführen lassen, wie zum Beispiel die 1958 im Mailänder Studio di Fonologia realisierte Tonbandversion des »Fontana Mix« zusammen mit der »Aria« (1958) für Stimme, ihrerseits eine Version des *Projekts* »Fontana Mix«, will sagen einer »Partitur zur Produktion jeder beliebigen Anzahl von Tonbandspuren oder für jede beliebige Anzahl von Spielern und Instrumenten«, wobei die Partitur dem fortgeschrittenen Stadium von Indetermination entsprechend aus einem Ensemble von teilweise transparenten, beweglichen »graphischen Materialien« besteht. Dank solcher Mehrfachbestimmung ist selbst der Ort der Produktion, ob Studio oder Konzertsaal den jeweiligen Bedürfnissen und Intentionen der Produzenten überlassen – und dies gegen die damalige Praxis einer dogmatischen Abgrenzung von Studioproduktion und Live-Aufführung. Zwei Jahre später, 1960, war denn auch bereits die Grenze zu dem, was einmal »Live-Elektronik« heißen sollte, überschritten: in der auf ähnliche Weise indeterminierten »Cartridge Music« »für elektrisch zu verstärkende ›Mikroklänge‹, auch verstärktes Klavier oder Becken, und jede beliebige Anzahl von Spielern und Lautsprechern«; und wieder auf andere Weise in der »Zusatzpartitur zu Aufführungen mit Vortrag oder Instrumentalaufführung mit Tonband, Schallplatten, Radio etc.« »WBAI«, abgeleitet aus dem Material von »Fontana Mix« und ganz allgemein ein Verlaufsplan »zum Operieren mit Maschinen«.

Am Ende mag man also auf die Mitwirkung des Tonbands wieder verzichten, ohne deswegen je zu vergessen, daß es damit keineswegs endgültig aus der Welt geschafft ist, die scheinbar rein instrumentalen Aktionen »live« dennoch, sogar höchstwahrscheinlich, von irgendeinem mitlaufenden Magnetophon aufgenommen werden. Was aber keine übermäßige Angst vor der Sterilität purer Reproduktion einflößen sollte, solange es einen Weg gibt, das Tonbandgerät selbst in die Aktion miteinzubeziehen, es womöglich wie ein Instrument zu *spielen*, so unvergleich, mit ungeheurer Intensität, in blitzartigem Zugriff, als könnte das Gerät darüber getrost zu Bruch gehen, wie es einst Nam June Paik in seiner »Hommage à John Cage« vermochte. Bar jeder Anhänglichkeit ans Ideal der »einwandfreien Wiedergabe«, waren seine Tonbandaktionen vielmehr Schocks und demonstrierten zugleich, was sich nicht auf Tonband speichern läßt, und hier war es das Wesentliche. Cages spätere Kompositionen für das Medium scheinen dagegen nur das Motiv der Kritik am Schema Aufnahme – Wiedergabe, an der gedankenlosen Reproduktion wie am schauerlichen Standard der normierten Medienproduktionen weiter zu variieren. Immerhin verschont seine Aversion gegens Determinieren und Fixieren nun nicht einmal mehr die beweglich gewordene, vieldeutige Partitur. Wie aber wäre dann ein Konzept überhaupt noch kommunizierbar? Nun, eben rein verbal, beispielsweise in einem Brief (vom 2. April 1965) an einen Freund – Alvin Lucier –, der ihn anläßlich eines Konzertprojekts um ein Stück gebeten hatte. So erläuterte der Komponist seine »idea for a new piece«, das auszuarbeiten ihm leider die Zeit fehle – für mindestens 12 Tonbandmaschinen, von denen so viele wie möglich elektrisch verstärkt werden sollten; ferner eine Menge Bandschleifen unterschiedlichster Länge (maximal 15 m); ferner zwischen 4 und 8 Ausführende, »Bandschleifenwechsler«; zweitrangig, was auf den Bandschleifen wäre, obwohl er persönlich eine »non-pop version« bevorzugen würde, »someday«. Das projektierte Stück könnte man nach dem Aufführungsort, dem Rose Art Museum in Waitham, Massachusetts, »Rozart Mix« nennen. Problem: wer klebt die 88 Bandschleifen? Es wurde zum Teil kollektiv gelöst (indem Lucier mit Studenten eine vorbereitende »Klebeparty« veranstaltete).

In wesentlich anderer Form und diesmal vom Komponisten selber ausgearbeitet, kehrt diese »idea« dann 1972 unter dem aufschlußreichen Titel »Bird Cage« wieder, ein bizarres Gemisch aus Vogel- und Menschenstimmen in und vor einer imaginären Voliere. Beim Anblick des Ausführenden, der nach Plan 12 Tonbänder abwechselnd auf mehrere Maschinen zu verteilen hat, und zwar »in einem Raum, in dem Menschen sich frei bewegen und Vögel fliegen dürfen«, fühlte man sich unwillkürlich auch an die Arbeitsatmosphäre in den Rundfunkstudios erinnert, wo die Tontechniker hinter Glasscheiben Bänder auflegen und zumeist mehrere Maschinen gleichzeitig in Betrieb sind.

Indes zeichnete sich in den folgenden Jahren bis 1976 bereits wieder eine veränderte Funktion des Tonbands ab, die man im Hinblick auf mehrere Stücke die dokumentarische nennen könnte. So soll es zum Beispiel in »Etcetera«, einer Orchesterkomposition (»mit oder ohne drei Dirigenten« aufzuführen) das Ambiente wiedergeben, in dem die graphischen Materialien entstanden; zu »Score« (40 Zeichnungen von Thoreau) für Instrumente und Stimmen steuert es eine Aufnahme von der Morgendämmerung des 6. August 1974 in Cages Wohnsitz Stony Point, New York, bei. In der »Lecture on the Weather« ergänzt es akustisch die jedem der zwölf Sprecher-Vokalisten (oder Instrumentalisten) – »vorzugsweise Amerikaner, welche die kanadische Staatsbürgerschaft angenommen haben« – zugeordneten »sound systems«. Zu den Materialien für eine nicht-dirigierte Radiosendung bzw. Theateraufführung gehören Aufnahmen von Sturm, Regen und Donner, ein Film, der mittels kurzzeitig projizierter Negative von Zeichnungen Thoreaus den Blitz darstellt und außerdem ein Vorwort. Zwischen dem »monomedialen« »Rozart Mix« von 1965 und dieser audiovisuellen Medienkomposition zum Thema Wetter liegen allerdings Versuche, deren Komponenten nicht so übersichtlich geordnet waren und auch nicht zur Entfaltung eines bestimmten Themas beitrugen.

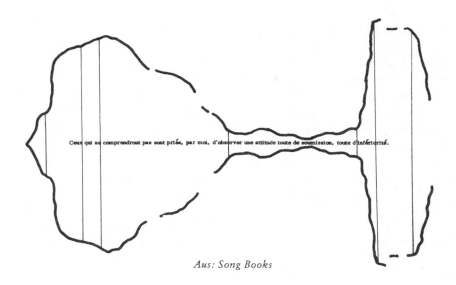

Aus: Song Books

Audio-visuelle Medienkomposition oder summa summarum

Gegenüber der Produktions- und Reproduktionspraxis der Medien, die keinen unmittelbaren, für den Verlauf einer Aufführung indessen konstitutiven Kontakt zwischen Interpret und Hörer mehr zuläßt, ist schon jede normale Aufführung Theater, ein In-Szene-setzen von Musik, ihrer mimischen, gestischen, jedenfalls rein visuell wahrnehmbaren Voraussetzungen. Entsprechend ihrer Struktur können die auditiven Medien (Schallplatte, Rundfunk, Tonband, Kassette) von den komplexen audiovisuellen Vorgängen der Klangerzeugung und Kooperation nur die akustisch wahrnehmbaren Resultate vermitteln, reduzieren sie also auf gleichsam voraussetzungslos entstandene akustische Objekte, deren nun gesicherte Ubiquität für die Unterschlagung der nicht-reproduzierbaren Aspekte entschädigen soll. Andererseits wurde gerade durch solche technologisch bedingte Kupierung erst bewußt, was dabei verlorenging oder vielleicht erstmals zu entdecken war, weil es vordem gar nicht substantiell zur Musik zu gehören schien.

Nur so, in kritischer Wendung gegen die eindimensional-akustische Fixierungspraxis der auditiven Medien konnte das noch unerschlossene Potential der immanenten Theatralik von Musik bei Cage und anderen Komponisten jene Relevanz gewinnen, die hernach den Terminus »instrumentales Theater« provozierte. Nicht selten ging die mangelnde Anpassung an die Ansprüche der Medien so weit, daß in einer Aufführung oft mehr zu sehen als zu hören war, weshalb der Hörer eines Tonbandmitschnitts oder der Direktübertragung das Nachsehen hatte, wenn sich nicht etwa aufgrund heftiger Publikumsreaktionen wenigstens mutmaßen ließ, wie verwegen an Ort und Stelle der Aufführung agiert worden sein mochte. Entzog sich diese nicht mehr übertragbare Theatralik, die mit Vorbedacht inszenierte Einmaligkeit und Unwiederholbarkeit einer Aufführung dem eigentlich aufnahmebereiten Medium, rückte Musik deswegen ihrem traditionellen Medium Theater nicht näher, zumal nicht den Opernhäusern, will sagen Opernmuseen, die aber im Gegensatz zu den meisten Kunstmuseen über keine modernen Abteilungen verfügen und daher immun sind gegen eine Erneuerung des Musiktheaters nach vorn. Stücke Cages wie die »Water Music« und der »Music Walk« sind Theater schon und allein außerhalb des Theaters, worauf Heinz-Klaus Metzger bereits kurz nach ihrem Erscheinen hinwies und damit zugleich die musikalische Bedeutung von Cages audiovisueller Medienpraxis antizipierte: »Hier werden Ansätze zu einem neuen Musiktheater – nach dem Untergang der Oper, dem Scheitern des epischen Musiktheaters und der notwendigen Entgegenständlichung des Theaters selber – so schüchtern evident, wie es einzig zu vertreten ist, um dessen Möglichkeit nicht zu verraten.«[17]

In den sechziger Jahren waren die Ansätze Cages freilich nicht mehr so schüchtern, mochte es zuweilen sogar den Anschein haben, als würde die Kategorie der Möglichkeit – sicherlich auch im Zusammenhang mit rasch integrierten Bewegungen wie Happening, Fluxus, Mixed-Media, Environment, die sich allesamt auf ihn beriefen – an die Wirklichkeit verraten. Wirkte im vorhergehenden Jahrzehnt die strukturierte Audiovisualität der Kompositionen mit Hilfe von Schallplatte, Radio, Tonband den Nivellierungstendenzen der auditiven Medien entgegen, wurden diese nun mit visuellen Medien gekoppelt, um derart das Erscheinungsfeld einer audio-visuellen Medienkomposition zu definieren. Wichtig jedoch, daß es sich hierbei um frei gewählte, nicht normierte Medienkombinationen, also nicht um ein audiovisuelles Medium wie das Fernsehen handelte (für das Cage, wohl als einer der ersten, verschiedentlich Stücke – so den »Water Walk« – konzipiert hatte). Die einzelnen Konzepte fielen dennoch oder eben deshalb grundverschieden aus, vergleicht man beispielsweise die »Variations V« (Thirty-seven Remarks Re an Audio-Visual Performance) mit dem »Musicircus«, und diese wieder mit »HPSCHD« und den »Song Books«, welch letztere keine »Liederbücher« sind, vielmehr eher dem »Theatre Piece« verwandt, eine ansehnliche Sammlung von Materialien unterschiedlichsten Typs unter dem Motto »Wir verbinden Satie mit Thoreau«, nach deren Anweisungen sich alle

---

[17] Vgl. S. 17 dieses Heftes.

Arten von vokalen und theatralischen Aktionen (»mit und ohne Elektronik«) ausarbeiten lassen.

Ganz anders der »Musicircus«: Komposition definiert hier nicht mehr wie vieldeutig auch immer ein Stück, sondern für eine ganze Veranstaltung von einer gewissen Dauer, Dichte und Simultaneität der Vorgänge, in deren Verlauf vor allem Stücke anderer Komponisten aufgeführt werden, aber ebenso eine Vielzahl anderer vorhersehbarer und unvorhersehbarer Ereignisse ihren Platz finden kann. Das Prinzip der Unvorhersehbarkeit wird hier also auf die *Veranstaltungsform* selbst übertragen, und so wirkt sich im großen aus, wozu (oder wogegen) einst die Methode der Zufallsoperationen am Schreibtisch angewandt ward, nämlich um »eine Musik zu machen, in der nicht meine Gefühle oder Gedanken zum Ausdruck kämen, sondern in der die Klänge selbst mich verändern würden«[18]. Komposition schafft Raum für die Vorstellungen (voraussichtlich zu denen Cages völlig konträren) anderer Komponisten wie zuvor für jene der Interpreten, erprobt zugleich Möglichkeiten der Rezeption, *Rezeptionsmodelle,* die alltägliche Erfahrungen des Autors widerspiegeln.[19] Am konsequentesten, zumindest auf der Ebene der audio-visuellen Medienkomposition, realisierte Cage dieses Desiderat in »HPSCHD« (auch Harpsichord), dessen akustische Dimension – 51 in Zusammenarbeit mit Lejaren Hiller, einem der Initiatoren der Computer-Musik, im Studio produzierte Tonbänder, dazu »live« sieben elektrisch verstärkte Cembali, auf denen ausschließlich Fragmente aus Werken Mozarts gespielt werden sollen – zwar teils genau, teils global fixiert ist, während die visuelle Dimension, mithin das, was aus Dutzenden von Dia- und Filmprojektoren auf die das Publikum umgebenden Leinwände projiziert wird, von dem zum gegebenen Zeitpunkt verfügbaren Repertoire an Medienproduktionen abhängt, also den industriellen Aspekt dieser Produktionsweise wie die Veränderungen der Zeitläufte widerspiegelt, die beide über die Intentionen des einzelnen Autors hinweggehen, zwar stets seine Präsenz fordern, aber nur, um sie bis zur Unkenntlichkeit zu deformieren.

Trotzdem ist selbst im gesteuerten Chaos der akustischen und optischen Projektionen von »HPSCHD« noch die innere Multimedialität von Musik zu erkennen, die Cages überschaubarere Medienkompositionen mit den neueren technologischen Mitteln konstituierte. Das trennt sie von den womöglich nicht minder aufwendigen, musikalisch indes

---

[18] Vgl. »Conversations with John Cage...« (siehe oben). Cages Beitrag zum zweiten, am 11. April 1970 in Minneapolis, Minnesota, veranstalteten »Musicircus«, war übrigens »AMFMIV«, ein »Werk«, das aus der gleichzeitigen Wiedergabe verschiedener Fernseh- und Rundfunkprogramme resultierte (nach Daniel Charles, Gloses sur John Cage, Paris 1978, Seite 153).

[19] Das erinnert an eines der alltäglichen Rezeptionsmodelle, wie sie Cage immer wieder beschrieben hat (vgl. Kostelanetz, S. 165): »Folgende Situation bot sich uns an: eine Bar und ein Speiseraum mit einer Glaswand, durch die man auf einen kleinen See schaute, in dessen Mitte sich eine Sprunganlage befand. Da schwammen Menschen (ich konnte sie sehen), da spielte eine Musikbox (ich konnte sie hören). Ich verzehrte meinen Imbiß und unterhielt mich mit den anderen. Das alles ging zusammen.«

irrelevanten Multimedia-Spektakeln und macht daraus eine expandierte Form der Gleichzeitigkeit von Notentext und klanglicher Realisation, Lektüre und Interpretation, Variabilität der Rezeptionsweisen von Bild und Klang, wenn auch der freigelassene, wie zuvor schon die Musiker mobile Hörer-Zuschauer die »einfacheren« Stücke nicht nur als Ganzes – eine ominöse Vokabel – erleben, sondern, vermöchte er über sich und seine Zeit jederzeit frei zu entscheiden, wäre er Befreiter in einer herrschaftslosen Gesellschaft, selber verwirklichen könnte – oder etwas ganz anderes. Statt dessen bleibt er Vereinzelter, der mit anderen Vereinzelten über seine Eindrücke korrespondieren kann, und das Ganze ist ein Abbild der anarchischen Produktionsverhältnisse, die draußen herrschen, insofern ein Modell.

Gleichwohl vollzieht sich bei Cage wie nirgendwo sonst der Übergang von der durch die klassischen Medien und den mit ihnen verbundenen Produktionsweisen darstellbaren inneren Multimedialität von Musik zu jener, welche ihr die elektronischen Medien vorzeichnen – als Versuch, Experiment. Insofern repräsentiert Cages Œuvre bereits die Tradition der Medienkomposition, die erste Phase ihrer Aneignung, in der mit Medien so selbstverständlich operiert wird, als wären sie just für die Musik (und speziell für die experimentelle) konstruiert worden, interessante Schallquellen wie unzählige andere Musikinstrumente, Objekte und Maschinen auch.[20] Aber sie sind es nicht, oder nur, wenn ihre ursprüngliche Programmierung für militärische, nachrichtendienstliche, propagandistische, ökonomische, politische Zwecke endlich mitgehört wird und Musik als das erscheint, was sie heute ist: Dreingabe. Cage selbst hat seine Verwendung der Medien unzweideutig als Kritik am herrschenden Mediengebrauch interpretiert – was am Beispiel einiger seiner Kompositionen zu beweisen war. Nur solch kritischer Mediengebrauch vermag Musik vor einer Identifikation mit irgendeinem Medium, einem Material, einer Erscheinungsform zu retten, so utopisch sich's anhört, wenn sie in den Medienprogrammen vorgegebene Zeitintervalle ausfüllt.

Kritische Medienkomposition erhält von daher ihre Funktion und ihr gesellschaftlich vorstrukturiertes Material, zur Bearbeitung. Allerdings wird Musik, selbst die vormals experimentelle, längst so eindimensional verstanden, daß noch die unbestreitbarsten Exempel fortgeschrittener Medienkomposition spurlos dem groben Raster zum Opfer fallen. Aber Schnebels Radiostücke »Hörfunk I und II« sind nun einmal weder elektronische noch sonstwie zu bezeichnende Tonbandmusik, sondern

---

[20] In der »Lecture on Nothing« markierte Cage die entscheidende Differenz folgendermaßen: »The phonograph is a thing, — not a musical instrument. A thing leads to other things, whereas a musical instrument leads to nothing. Would you like to join a society called Capitalists Inc.? (Just so no one would think we were Communists.) Anyone joining automatically becomes president. To join you must show you've destroyed at least one hundred records or, in the case of tape, one sound mirror. To imagine you own any piece of music is to miss the whole point. There is no point or the point is nothing; and even a long-playing record is a thing.« (Silence, S. 125).

musikalische Analysen des *Mediums* Rundfunk, wie zuvor die Dias von »ki-no« das Medium Partitur zum öffentlichen Lesen freigaben und die Filme und Fernsehmonitore der »Maulwerke« visuelle Prozesse mit den akustischen dialogisieren ließen. Und wenn Josef Anton Riedl, Cages deutscher Interpret, der in Berlin und Venedig »HPSCHD« realisierte (u. a.), für seine Programm- und Veranstaltungskompositionen eine eigene Medienpraxis entwickelte, so ist es die triste Realität des historischen Mediums Konzert, die noch heute seinen Traum von einem audiovisuellen Gesamtkunstwerk stimuliert. Impulse Cages sind desgleichen in Nicolaus A. Hubers Konzept einer politischen Musik eingegangen, in der Medien wie Tonband, Film, Dias die formalen Bedingungen inhaltlicher Reflexionen bilden. René Bastian polemisiert in seinem Projekt »HiFi« gegen die Ideologie der High Fidelity in der elektronischen Musik, deren Grundsatz, das Medium habe neutral, also nur technische Installation zu sein, die Werbeslogans der Industrie reproduzierte.

Die Beispiele ließen sich vermehren, wäre es damit getan. Denn im Vergleich zur Masse der Medienprogramme, in denen sie so selten wie nur denkbar placiert sind, müssen sie schüchtern sich ausnehmen, hoffnungslos in der Defensive, Beiträge zu einer Medienreflexion, deren nicht allein punktuelle Vermittlung die Einrichtung eines zweiten Kommunikationssystems voraussetzte. In schwachbesuchten Konzertsälen oder Galerien »aufgeführt«, wenden sich Medienkompositionen hingegen an Insider, die den Medienprogrammen eh schon den Rücken gekehrt haben. Die wirkliche Alternative zum ersten Kommunikationssystem wäre jedoch nicht ein zweites und bald darauf ein drittes, sondern doch eher eine Revolution des Gebrauchs, den man von den Kommunikationsmitteln bis dato zu machen wagte. »Jeder Empfänger ein Sender« ist dafür nur ein formelhafter Ausdruck, die ultima ratio einer Medientheorie, die in der Praxis nichts zu sagen und zu suchen hat, und nur den Worten nach von der unrealistisch gescholtenen und in der Tat uneingelösten Devise musikalischer Praxis seit Cage verschieden. Auch die Medienkomposition, die nach Cage kommt, wird an ihr festhalten müssen, selbst wenn damit definitiv keine Musik mehr für die Medien zu machen ist.

Clytus Gottwald

John Cage und Marcel Duchamp*

Kunst und Leben, nicht nur dadaistisch eine Dichotomie, weisen aber für den Dadaisten keineswegs hoffnungslos auseinander. Zwar schreibt John Cage: »Und was hat, genaugenommen, dies, dieses schöne, tiefe Objekt, dieses Meisterwerk mit dem Leben zu tun: daß es davon getrennt ist ... Das Leben scheint schäbig und chaotisch, in Unordnung, häßlich im Gegensatz dazu.«[1] Aber im gleichen Atemzuge tröstet er sich mit mehreren Konstruktionen, die ausprobieren, wie Kunst mit dem Leben doch harmonisiert werden könne, ohne daß Kunst das aufgibt, wodurch sie zur Kunst wird. Eine dieser Konstruktionen gibt sich sozialpsychologisch. In der Person des Künstlers fänden Kunst und Leben zur Kommunikation: »Wenn man diese Haltung einnimmt, ist Kunst eine Art Labor, in dem man das Leben ausprobiert; man hört nicht auf zu leben, solange man damit beschäftigt ist, Kunst zu machen ...«[2] Daß man Kunst macht, nur solange man lebt, ist eine Banalität. Daß man aber lebt, solange man Kunst macht, rührt daran, daß Kunst als Apotropaion gegen den Tod aufgerichtet ward. So mußte John Cage auf den Tod stoßen: »Das Akzeptieren des Todes ist die Quelle allen Lebens.«[3] Der Tod, die – wie Ernst Bloch sagt – schärfste Gegenutopie, wandelt sich bei Cage zur geheimen Triebfeder des Lebens, erzeugt aus seinem Stillstand den Prozeß des unbeschwerten Werdens, infiziert das Leben jedoch mit Schopenhauerschem »Entsage«: »Wenn das Verlangen gestillt ist und der Wille zur Ruhe kommt, wird die Welt als Idee offenbar. In dieser Sicht ist die Welt schön und entrückt dem Kampf um die Existenz. Dies ist die Welt der Kunst.«[4] So fällt Parzival-Licht über die dadaistische Heimkehr. Zwar mag es manchem Betrachter scheinen, als werde mit solchen Sentenzen der alte idealistische Hausschatz wieder ausgekramt, in dem das Dekret sich kodifiziert findet, Musik habe die Wunden, so der Alltag schlug, samaritisch zu heilen. Doch bescheidet Cage sich bei solchem Spießbürgertum nicht. Vielmehr findet er vom einigermaßen sicheren Middle-brow-Dasein unversehens einen überraschend direkten

---

* Dieser Aufsatz ist Teil einer größeren im Entstehen begriffenen Arbeit. Das mag das Abrupte von Anfang und Ende erklären und auch, daß gelegentlich manches — wie etwa die Reflexionen über den Zufall — nicht ausführlicher verfolgt wurde. Solches findet sich an anderer Stelle dieser Gesamtarbeit über den Dadaismus.
[1] J. Cage, Silence, hrsg. von H. Heißenbüttel. 1969, 26.
[2] Cage, a.a.O., 35.
[3] Cage, a.a.O., 31.
[4] Cage, a.a.O., 26.

Weg zur Kunst: »Das Leben verläuft ganz ähnlich wie ein Stück von Morton Feldman.«[5] Damit hebt sich der Gegensatz von Kunst und Leben wie von selbst auf: »Und das Leben das gleiche: immer verschieden, manchmal erregend, manchmal langweilig, manchmal sanft und angenehm und so weiter; und welche anderen Fragen gibt es? Als daß wir leben und wie im Zustand des Einklangs mit dem Leben.«[6] Sogar die Selbstentfremdung, unvermeidliches Produkt der Industriegesellschaften, erscheint suspendiert. Der alte dadaistische Traum von der Versöhnung von Kunst und Leben und Leben und Leben scheint erfüllt.

Dem Skeptiker mag der Cagesche Tiefsinn als zwar liebenswerte, jedoch kaum mehr als ephemere Naivität erscheinen. Doch wäre es eine simple Ehrenrettung, wollte man daran erinnern, daß die Einsicht in den Zusammenhang von Kunst und Gesellschaft selbst dort (oder gerade), wo diese als angeblich esoterisches Phänomen die Wut der kleinen und großen Lukácse auf sich zieht (und gezogen hat), durchaus sich schon die Hörner abgelaufen hat. Der Zusammenhang zwischen Kunst und »Leben« ist immer dann am stringentesten, wenn seine Abwesenheit am offenkundigsten zu sein scheint. Gerade dort, wo der Realismus in der Kunst bockbeinig propagiert oder obrigkeitlich herbeikommandiert wird, geht er wohl oder übel in das über, was Mauricio Kagel einmal schlagend den sozialistischen Surrealismus genannt hat.[7] Unverhofft nehmen die hübsch ausgedachten Landschaften etwa der Naiven die Qualität von Protokollen eines Innen an, dem das Außen, das »Reale« nur die Bilder borgt. Ihre, der Naiven Puppenstubenwelt konserviert Imagines der Kindheit, in denen jede Dynamik zur Momentaufnahme gefroren ist. Solcherweise der Realität ganz entgegengesetzt, halten diese Kunstwerke zwar auch Realität fest, aber eben doch nicht diese, welche sie unbeholfen darstellen, sondern jene, die im Realismus jedweder Couleur nicht zählt, die innere. Das hat wenig zu tun mit der von Doktrinären oft berufenen Verinnerlichung, vielmehr mit jenem Innern, das Doktrinäre deshalb totschweigen, weil Sigmund Freud, dessen Expeditionen erst dieses Innen auf den Begriff brachten, als hoffnungslos bürgerlich abgeschrieben wurde. Während man sich technologisch nur zu gern des kapitalistisch-bürgerlichen Know-hows vergewissert, schlägt man die Erkenntnisse bürgerlicher Wissenschaft voll des darob schlechten Gewissens in den Wind, naiv hoffend, es ließen sich die durch Freud erhellten Phänomene auf diese Weise ebenfalls aus der Welt schaffen.

In John Cages Frage, was eigentlich das »schöne, tiefe Objekt, das Meisterwerk«[8] mit dem Leben zu tun habe, schwingt nicht nur das erzdadaistische Verdikt über die Kunst, zumal solche der expressionistischen Richtung, nach, sondern ebenso das moralische Urteil, daß es die Kunst

---

[5] Cage, a.a.O., 27.
[6] Ibidem.
[7] Zu studieren zum Beispiel an den Bildern von Wolfgang Mattheuer.
[8] Vgl. Anm. 1.

sei, die sich schuldhaft vom manchmal sanften und angenehmen Leben losgesagt habe. Für Marcel Duchamp, Cages unbestrittenes Leitbild im Blick darauf, wie ohne Leitbild zu leben sei, gehörte es schon zur verfestigten Redeweise, sich als Unkünstler, als »Pseudo durch und durch« zu bezeichnen: »Ich hatte stets einen Horror (davor), ein Berufsmaler zu sein.«[9] Und wenn er weiter schreibt[10], »das große Ziel meines Lebens bestand in einer Reaktion gegen den Geschmack«, so subsumiert er darunter mehr als den nur herrschenden Geschmack. Zuwider ist ihm ebenso der überhebliche Wahrheitsanspruch des Kunstwerkes wie dessen Verquickung mit dem Geschäft: »Die Kunst als Wahrheit, als Wahrhaftigkeit, hat absolut keine Existenz. Von ihr sprechen die Leute stets mit einer großen religiösen Verehrung, aber warum sollte sie dermaßen verehrt werden? Sie ist eine Droge, das ist alles!«[11] Und etwas später heißt es: »Zu meiner Zeit, da waren wir Künstler Parias, und wir wußten und genossen es. Aber heute ist der Künstler integriert, und deshalb muß er bezahlt werden, und deshalb muß er fortfahren, für den Markt zu produzieren.«[12] Der philiströse Wahrheitsanspruch und das Schicksal von Verdinglichung und Vermarktung hängen jedoch zutiefst zusammen. Wahrheitsanspruch und Vermarktung kompromittieren sich nämlich gegenseitig: daß Wahrheit käuflich ist, entlarvt sie als Betrug, während umgekehrt die Wahrheitsbehauptung den oft irrwitzigen Marktwert eines Kunstwerkes als realistischen begründen soll. Die Kritiker, Meister in der wohlfeilen Taktik, diesen Widerspruch zu verschmieren, trifft Duchamps Zorn in ungehemmter Stärke: »Die Idee des Urteils sollte verschwinden!«[13] Oder: »Das Wort Urteil ist ebenfalls eine fürchterliche Sache.«[14] Die Zitate ließen sich noch bequem vermehren. Es mag wie schwacher Trost klingen, wenn sich Duchamp damit abfindet: »Die wirklichen Werte sind unberührbar«[15], was doch meint, unberührbar von Ideologie und Metaphysik, vom Kommerz wie von der Kritik. Cage hat Duchamps Gedanken noch radikalisiert dadurch, daß er den Scheincharakter am Kunstwerk zuendedenkt: Was Schein ist, ist nicht. »Für Etwas braucht man Kritiker, Kenner, Urteile von Autoritäten, anderenfalls wird man beschwindelt; aber für nichts kann man all diesen Schnickschnack entbehren, niemand verliert nichts, denn nichts hat man in sicherem Besitz.«[16] Keine Klänge, keine Harmonie, kein Kontrapunkt oder Rhythmus, so fährt Cage fort, haben für die Musik die Qualität einer Zwangsläufigkeit, sie stehen vielmehr dem frei schaltenden Komponisten zur Auswahl zur Verfügung, was das Endprodukt jenem

[9] M. Duchamp, Ready Made!, hrsg. von S. Stauffer. 1973, 16.
[10] Ibid., 17.
[11] Ibid., 31, vgl. auch 43!
[12] Ibid., 35, auch 45.
[13] Ibid., 34.
[14] Ibid., 43.
[15] Ibid., Anm. 13.
[16] Cage, a.a.O., 28.

traditionellen Kunstbegriff enthebt, der es, sobald es ihm sich beugen würde, wieder an die Kritiker ausliefern würde: »Es ist in dieser Situation ganz nutzlos, wenn irgendjemand sagt, Feldmans Werk sei gut oder nicht gut. Denn wir sind in einer klaren Situation: es ist.«[17] Das koinzidiert genauestens mit dem von Marcel Duchamp entwickelten Verfahren, ready mades als Kunst auszustellen. Cage hat, das benennt jenen historischen Stellenwert, an Klang, Harmonie, Rhythmus, Melodie oder Kontrapunkt den »Charakter«[18] des ready made, des Vorgefertigten ausgemacht, was ihn oder Morton Feldman in die Lage versetzt, die eigene Musik aus einer gewissen Ferne zu betrachten. Diese ähnelt mehr einen Zusammensetzspiel, für das der, der es zusammensetzte, gleichsam nur eine beschränkte Haftung übernimmt. Marcel Duchamps Flaschenständer oder Pissoir sind da, man kann sie mit »interesselosem Wohlgefallen« oder Mißfallen betrachten, doch entziehen sie sich dem ästhetischen Urteil; der Kritiker in seiner ästhetischen Borniertheit muß die Waffen strecken.

Nun würde man sicher Cage und Duchamp um ihr Bestes bringen, wollte man die Erfindung des ready made als Reaktion eines höchst privaten Streits zwischen Künstler und Kritiker interpretieren. Vielmehr ist festzuhalten, daß der Kritiker, je dümmer er sich aufspielt, umso genauer die Ressentiments reflektiert, die das allgemeine Bewußtsein unreflektiert und böse machen. Insofern reicht der Gegensatz zwischen Künstler und Kritiker über das beschränkte Bewußtsein des Kritikers hinaus ins Allgemeine. Nicht unmittelbar von der Hand zu weisen wäre die Ansicht, daß solche Mehrheit den Kritiker ins Recht setzte – sogar der späte Hegel neigte zu dieser Ableitung –, wenn man außer acht ließe, daß das beschränkte öffentliche Bewußtsein bereits Produkt der veröffentlichten Dummheiten des Fachmanns ist. Dieser »Verblendungszusammenhang« hat Adorno zu der gegen Hegel gerichteten Folgerung gedrängt, das Ganze sei das Falsche.

Cage folgt Marcel Duchamp sehr genau und widerlegt damit die Ansicht von Holz, jede Duchamp-Imitation müsse zwangsläufig wieder in Kunst – allerdings auf niederstem Niveau – übergehen.[19] Allein die Übertragung auf das Medium der Musik setzt an dem Verfahren eine ganze Reihe von unverbrauchten Aspekten frei, welche die Sache ready made nicht unangetastet lassen.

Ein wichtiges ready made ist für Cage das Papier. Immer wieder kehrt er zu den Mängeln im Papier als dem ersten Halt im leeren Raum der Inspiration zurück: »Jede Art Papier ist geeignet, Flecken drin zu sehn«, oder: »Ich steh noch immer vor einem richtigen Rätsel bei dieser Art des Komponierens durch Beobachtung von Mängeln im Papier.«[20] In

---

[17] Ibid., 29.
[18] Vgl. Anm. 17.
[19] H. H. Holz, Vom Kunstwerk zur Ware 1972, 100.
[20] Cage, a. a. O., 62, 77.

Werken wie Atlas borealis, Atlas eclipticalis oder Etudes australes erscheint die Idee des ready made weiter variiert. Während das Papier trotz aller industriellen Fertigung noch einen Hauch von Natur herüberrettet, haben die Sternkarten, über die Cage seine Transparente breitete, obwohl sie Natur abbilden, mit Natur nichts mehr zu tun.[21] Cage hat bereits bei den Kompositionen für präpariertes Klavier, etwa in der »Music for Marcel Duchamp«, einen ersten Schritt auf das musikalische ready made hin getan dergestalt, daß er die Präparation mit Gummis, Bolzen und Schrauben als eine Art neutrale Zone zwischen den Spieler und sein Instrument legte. Was Cage am traditionellen Klavierspiel gestört haben mag, ist sicher jener »seelenvolle Anschlag«, das innige Verhältnis zwischen Künstler und Klavier gewesen, die in einem Zeitalter rigoroser Entfremdung Nähe und Vertrautheit vorgaukeln. Marcel Duchamp hat noch rücksichtsloser polemisiert gegen die Künstler, die scharenweise nach wie vor »trotz all der Kriege, die wir gehabt haben als Teil der Dekoration«[22] den Pinsel in die Farben tauchen: »Sehen Sie, diese Quadratkilometer von bemalten Flächen in den Galerien machen mich schwindlig: die zeitgenössischen Maler vergiften sich mit Terpentin.«[23] Cages Polemik gibt sich weniger spektakulär, versteckt sich zuweilen in Nebensätzen: ». . . obwohl er die betreffenden Noten nicht hingeschrieben hat bei Zimmertemperatur, wie es die anderen Komponisten tun.«[24] Denn der Verrat, den diese Komponisten oft unter der Maske wahrheitssuchenden Biedermannes verüben, resultiert daraus, daß sie Klänge für etwas ausgeben, was diese nicht sind: »Und er (der Klang) ist kein menschliches Wesen oder etwas zum Ansehen; er ist hoch oder tief, hat eine bestimmte Klangfarbe und Lautstärke, dauert eine bestimmte Zeitlang.«[25] Ein Klang ist zunächst einmal ein meßbares Ding, Natur – wie Cage sagen würde, nicht Vehikel, gar redseliger Ausdrucksträger: Klänge sind Klänge und Menschen sind Menschen, eine der beliebtesten Formeln, mit denen Cage Kunst und Künstler auseinanderhält, damit Kunst ungehindert den Weg zum »Leben« findet. Darin hallt unverwechselbar der dadaistische Kampfruf gegen den Expressionismus nach – ungeachtet der neoklassizistischen Verdünnung, in die Dada systemkonform einmündete. Doch läßt sich auch der Widerspruch nicht verdecken, der John Cages Subjekt-Objekt-Beziehung regiert. Daß Menschen Menschen sind und Klänge Klänge, markiert den frostigen Abstand zwischen dem Menschen als Hörendem, Schreibendem und Spielendem und den Klängen, den Cage auf der anderen Seite aufzuheben versucht dadurch, daß er das bloß Private an der Arbeit mit Klängen unterdrückt. Dabei gibt die

---

[21] Vgl. auch R. Kostelanetz, John Cage, deutsch von I. Schnebel und H. R. Zeller. 1973, 198 f.
[22] Duchamp, a.a.O., 37.
[23] Duchamp, a.a.O., 36.
[24] Cage, a.a.O., 85.
[25] Cage, a.a.O., 68.

japanische Shakuhachi-Musik[26] eines der Modelle ab dafür, wie Musik beschaffen zu sein habe, wenn sie eine intakte gesellschaftliche Rolle spielen will. Durch lange Tradition gleichsam zur Objektivität versteinert, sind die Spuren der subjektiven Eingriffe wie Staub von ihr abgefallen. Zweifellos hat es auch in der Shakuhachi-Tradition große Musiker gegeben; aber ihre Subjektivität hat die Musik nicht als Stil verformt, sondern sie ging als objektiviertes Sediment in die Musik ein, löste sich darin demütig auf. Gerade, was die Musiker »bei Zimmertemperatur« der Musik an subjektivem Ausdruck infiltrierten, ihr abrangen, hat die Musik entstellt: Ihre Sprache erreicht nur noch ein paar Gleichgestimmte, deren subjektive Problemlage mit jener dessen sich deckt, der die Musik hervorbrachte. Daß Objektivität sich nur dort einstelle, wo Subjektivität auf die Spitze getrieben wird, muß Cage für einen romantischen Unfug halten. Objektivität in der Musik läßt einzig sich dadurch herbeiziehen, daß man die Methoden der Hervorbringung objektiviert, dem Weltgeist selbst die Feder in die Hand drückt. Gerade den Zufall, hinter dem Hans Arp schon in dadaistischer Frühzeit nicht das Chaos, sondern das Gesetz der Gesetze witterte, für seine Objektivierungsversuche nutzbar zu machen, unternimmt Cage alle subjektiven Anstrengungn. I-Ging-Orakel zu befragen, zu würfeln, mit Münzen zu werfen, gehört ebenso zum Handwerkszeug wie nach Mängeln im Papier zu suchen oder die Musik den akustischen ready mades, dem Straßenlärm etwa, zu öffnen. Der Zufall befreit Musik von der zufälligen Subjektivität. Nur so kann – nach Cage – jene Objektivität der Musik zurückgewonnen werden, die allein das verbürgt, was der Musik seit Beethoven abhanden gekommen ist, Verbindlichkeit. Cages Idee – so berühren sich die Extreme – fällt sehr genau mit Vorstellungen von Pierre Boulez zusammen, der an den großen Romanen von Joyce als das bedeutendste Moment benannte, daß die Person des Autors letztlich hinter dem Werk verschwinde. So Musik zu schreiben, sei auch sein (Boulez') Ziel.

Allerdings hat Cage sich immer gesträubt, den letzten unüberlegten Schritt zu tun. Als in Stuttgart sein Klavierkonzert geprobt wurde und Claude Helffer, der Pianist, einige Zitate einflocht, bremste Cage entschieden: keine Zitate! Gerade, was die vielen Jungen bei Cage glaubten herauslesen zu müssen, das hemmungslose Zitieren, muß diesem wie ein Rückfall ins alte korrupte Bewußtsein aufgestoßen sein. Da ist ihm ein kommerzieller Hit wie Richard Lippolds »Full Moon«[27] mit seinem listigen Herumwürfeln von Tonalitätsschablonen schon lieber, hält den Ruhelosen sogar zum Stillsitzen an, was er nur tut, wenn er – auch darin Marcel Duchamp verpflichtet – hinter dem Schachbrett brütet. Ist es doch die Zitatpraxis, die den alten, ausrangierten Adam wieder in seine Rechte einsetzt, auch wenn man meint, auf seine Kosten Witze reißen

---

[26] Cage, a.a.O., 21.
[27] Cage, a.a.O., 21.

zu können: der Schnurrbart, den Marcel Duchamp der Mona Lisa, dem insgeheim bewunderten Idol, anmalte.

Auf solche Weise hebt sich auch einer der Widersprüche in Cages Konstruktion auf: Erst wenn Musik gereinigt ist von den Beflachungen subjektiver Willkür, wenn Klänge wieder Klänge und Menschen wieder Menschen sind, erst dann wird Musik ihre soziale Verbindlichkeit zurückgewinnen. Alle subjektive Kontrolle – ein Lieblingsbegriff von Boulez – über die Musik »muß so angebracht sein, daß sie auf alles, was geschieht, keine Wirkung«[28] ausübt. Als Toscanini im Alter noch eine Konzertreise unternahm, bestand er neurotisch darauf, der Zug dürfe nie mehr als 40 Meilen pro Stunde fahren. Um das kontrollieren zu können, ließ er einen Tachometer in seinem Abteil anbringen, der allerdings nie mehr als 40 Meilen anzeigte, obwohl der Zug seine gewohnte Geschwindigkeit fuhr: eine Kontrolle ohne Kontrolle.

Von Marcel Duchamp erbte John Cage auch die Phobie gegen den Geschmack. Kaum eine Kategorie des menschlichen Denkens wurde selbst vom Denken so wenig durchleuchtet wie jene des Geschmacks. Geschmack figuriert vielmehr als eine Art monströser Suppentopf, in dem Urteil und Vorurteil, rüdes Ressentiment und platte Schwärmerei, halb Durchdachtes und vage Erfühltes sich zu einem undurchdringlichen Brei verschlingen: Geschmack zu haben, ist bereits geschmacklos. Daß Geschmack gesellschaftliche Übereinkunft, schlimmer noch: Resultat von Werbung sei, ist Duchamp nicht verborgen geblieben: »Wiederholen Sie die gleiche Sache lange genug, und sie wird zum Geschmack ... ob der Geschmack gut oder schlecht ist, das ist nicht von Bedeutung; denn er ist immer gut für die einen, und schlecht für die andern. Die Qualität ist unwichtig, es ist immer Geschmack.«[29] Am Ende wird sogar die Kategorie der Qualität von der Insuffizienz des Geschmacks angekränkelt. Der heute bewußtlos gebrauchte Begriff Qualität taugt nur noch dazu, eine Ware auf dem Markt durchzuboxen; in der Kunst, der vom Spießer aufgebauten Gegenwelt zur Korruption der realen, ist Qualität ebenso mit dem Verwertungsinteresse verfilzt, daß es keines Geschmacks mehr bedarf, um vor dem Begriff Qualität zurückzuschaudern. Cage hat, wie oben bereits gesagt, zahlreiche Methoden angewendet, um zu kompositorischen Ergebnissen zu gelangen, die »frei sind vom individuellen Geschmack und Gedächtnis«[30] – wobei Gedächtnis Geschichte meint. Von daher erhellt Cages Aversion gegen das Zitat. Als Objet trouvé ist es eben von jenem Geschmack abhängig, den er gerade aus dem Kompositionsprozeß draußen halten möchte, denn: »Ich erachte den Geschmack ... als den größten Feind der Kunst«[31], so mag Duchamp ihn belehrt haben.

[28] Cage, a.a.O., 85.
[29] Duchamp, a.a.O., 49.
[30] Kostelanetz, a.a.O., 149.
[31] Duchamp, a.a.O., 51.

Selbstverständlich setzt sich bei Marcel Duchamp eine Phobie fort, welcher die Dadaisten anhingen, als sie am Expressionismus ein Moment als besonders unerträglich attackierten, den megalomanischen Wahrheitsanspruch. Kunst, einst von Menschen erdacht, allgemeine Wahrheiten zu verkünden, war gerade zu der Zeit, da man sich ihres Wahrheitsgehaltes brüstete, zur autistischen Privatsache verkümmert: in ihr wurden Wahrheit und Subjektivismus heillos vermengt. »Alles ist zweifelhaft. Das heißt ... Descartes' Idee des Zweifels auf einen weit ferneren Punkt zu stoßen, als sie das in der Schule des Cartesianismus je getan haben: Zweifel an mir selbst, Zweifel an allem. An erster Stelle nie an die Wahrheit zu glauben ... Und ich gehe noch weiter und sage, daß Wörter wie Wahrheit, Kunst, Wahrhaftigkeit oder sowas dumm an sich sind.« In eiserner Konsequenz zieht Duchamp sogar den Wahrheitsgehalt seiner eigenen Worte in Zweifel: »Jedes Wort, das ich jetzt zu Ihnen sage, ist dumm und falsch.«[32] John Cages Texte unterschieden sich kaum von solchen zugespitzten Formulierungen: »Ich weiß nichts. Alles, was ich tun kann, ist sagen, was mir als besonders veränderlich auffällt in der zeitgenössischen Musik.«[33] Keine Deutung, kein Urteil, nur noch positivistisches Registrieren von Veränderungen. Letzte Instanz bleiben die Sinne; was wahrzunehmen ist, ist als wahr zu nehmen: »Tautologie, alles Tautologie, ausgenommen der schwarze Kaffee, weil es eine Kontrolle der Sinne gibt.«[34] Wo die Schwärze des Kaffees als letzte beweisbare Wahrheit installiert wird, hat selbstredend auch der ganze intellektuelle Krimskrams mit Problemstellung und eitlen Lösungsversuchen ausgedient: »Welches ist die Lösung? – Es gibt keine Lösung, weil es kein Problem gibt. Das Problem ist eine Erfindung des Menschen – es ist unsinnig.«[35] Bei Cage liest sich derlei so: »Wenn es keine Fragen gibt, gibt es keine Antworten. Wenn es Fragen gibt, dann gibt es natürlich Antworten, aber die letzte Antwort läßt die Fragen absurd erscheinen.«[36] Freilich bewahren solche Ausfälle etwas auf von dem berechtigten Mißtrauen gegen sogenannte Probleme – neuerdings zu »echten« hinaufstilisiert –, die sich weniger realen Antinomien, als vielmehr falscher Terminologie verdanken.

Doch hieße es, Duchamp und Cage nur herunterbringen auf das Niveau von pedantischen Hilfslehrern, wollte man ihre extreme Position lediglich als pubertären Protest, als den Schnurrbart der Mona Lisa interpretieren. Vielmehr lebt in Cages und Duchamps Denken die schwer schlichtbare Dichotomie des Rationalismus weiter, jene von res cogitans und res extensa. Die strikte Trennung von Subjekt und Objekt gegen

---

[32] Duchamp, a.a.O., 54 f.
[33] Cage, a.a.O., 62 f. Auch: »Halb intellektuell, halb sentimental, entschloß ich mich, als der Krieg kam, nur ruhige Klänge zu verwenden. Es schien mir keine Wahrheit zu geben, nichts Gutes in allem Großen der Gesellschaft.« (S. 13).
[34] Duchamp, a.a.O., 54.
[35] Duchamp, a.a.O., 53.
[36] Cage, a.a.O., 74, auch 14.

alle obskuren Theorien von deren Vermittlung zu behaupten, ist Chiffre von jenem seit Demokrit virulenten Mißtrauen gegen die hohe Philosophie, gar gegen die Metaphysik: ihre großen Worte sollen nur verschleiern, daß sie im Dienste von handfesten Interessen – Religion, Staat oder von beiden zusammen – steht. Duchamps typischer Rekurs auf den schwarzen Kaffee ist identisch mit dem zentral-dadaistischen Nihilismus, der den »Werten« des Spießers an den Kragen ging, an der Philosophie zynisch das zynische Moment notiert: sie habe an der Welt das Elend, den Betrug, die Unmenschlichkeit nur immer wegerklärt, niemals real und zur Änderung entschlossen benannt. Der Protest gegen den Geist als ein Mittel zum schnöden Betrug, ja, als trügerische Illusion selbst, läßt kaum sich jedoch ohne Hilfe des verachteten Geistes bewerkstelligen. Das möchte nicht als Spitzfindigkeit, als sophisticated interpretiert werden, wie etwa die formal-logische Entgegnung auf Duchamps Satz: »Jedes Wort, das ich jetzt zu Ihnen sage, ist dumm und falsch«, die darauf hinausliefe, daß somit auch die Behauptung, alles sei falsch, selbst eine falsche wäre. Marcel Duchamp hätte derlei Schachspieler-Logik wohl verstanden, sie aber nur als Beweis für das Gauklerhafte des Geistes genommen. »Die gesamte offizielle Philosophie pflegt den Stoff als Konstitutum zu behandeln. Die Materie wird in eine Substanz verwandelt, also in das, was durch Vermittlung des Subjekts, was durch den Gedanken hindurch gesetzt wird.«[37] Dadurch, daß Philosophie die Materie selber zu einem bloß kognitiven, zu einem Objekt der Erkenntnistheorie macht, unterschlägt sie Momente wie Lust und Unlust, nimmt den Charakter von Ideologie an, gegen den sie alle Kräfte mobilisiert hatte. Erstaunlich bleibt bei allem, daß Cage dort, wo er nun materialistisch dreinschlagen müßte, etwa beim von der Philosophie oft geschönten Todesproblem, selbst in die geschmähte Abstraktion flüchtet: »Das Akzeptieren des Todes ist die Quelle allen Lebens.«[38] Und dies, obwohl es wenig später bei ihm heißt: »Die wesentliche Frage ist, lebst du oder bestehst du aus Wörtern?« Darin klingt unüberhörbar das hedonistische Element, die Frage nach Lust und Unlust an, die ebenfalls, wenn auch nicht in dessen drastischer Form, von Marcel Duchamp[39] abgezogen wurde.

Duchamp hat, um wieder zur Kunst zurückzukehren, das ready made für ein Apotropaion gegen den Geist genommen: »Ich schuf sie (die ready mades) ohne jede Absicht, (zumindest) ohne jede andere Absicht, als Ideen abzustoßen.«[40] Das, womit seine Kollegen renommieren, nämlich Ideen zu haben, figuriert bei ihm geradezu als Makel idealistischer Zurückgebliebenheit. Es würde überraschen, wenn Cage sich in einer solch entscheidenden Frage Duchamp nicht angeschlossen hätte: »Nie-

---

[37] Th. W. Adorno, Philosophische Terminologie, Bd. 2. 1974, 177.
[38] Vgl. Anm. 9.
[39] Duchamp, a.a.O., 77.
[40] Duchamp, a.a.O., 50.

mand kann einen Einfall haben, wenn er erst einmal wirklich zu hören beginnt.«[41] Was doch soviel bedeutet wie: wer erst einmal an der Musik mit wachen Sinnen partizipiert hat, kann das, was ihm so einfällt, nicht als sein Eigentum reklamieren; es ist stets Teil jenes Ganzen, dessen Anonymität und Allgemeinheit auch bis in die entlegenste Struktur wirksam ist. Das meint aber auch eine qualitativ neue Form des Hörens. Gehört werden dürfen nicht nur Töne mit Höhe, Lautstärke, Klangfarbe und Dauer, nicht Harmonien, Melodien, sondern einzubeziehen sind ebenso Geräusche, besonders solche der Umwelt, und die Stille, die als Dauer wahrgenommen wird. Die Dauer erscheint ihm, Cage, als das musikalische Phänomen, das seit (und durch) Beethoven in der Musik über alle Maßen vernachlässigt wurde. Beethoven habe kraft seiner Autorität der Musik einen Bärendienst erwiesen: »Beethoven befand sich im Irrtum und sein Einfluß, der ebenso ausgedehnt wie beklagenswert ist, war für die Kunst der Musik tödlich.«[42] Daß Webern und Satie die Dauer als den »fundamentalsten« Parameter der Musik wiederentdeckt haben, ist zwar die wichtigste Innovation seit Beethoven, kann aber die durch diesen eingeleitete Fehlentwicklung nicht mehr umkehren. Einigermaßen überraschend sind die Erkenntnisse, zu denen Cage gelangt, wenn er über die Grenzen der musikalischen Entwicklung hinausblickt: »Es ist interessant zu beobachten, daß die harmonische Struktur in dem Augenblick entstand, in dem auch der westliche Materialismus entstand; daß sie zu einer Zeit verfällt, da jener Materialismus in Frage gestellt wird; und daß wir just zu dem Zeitpunkt auf die Lösung durch die für den Osten traditionellen rhythmischen Strukturformen stoßen, da wir tief innen spüren, wie groß unser Verlangen nach jener anderen, östlichen Tradition ist – dem Frieden des Geistes und der Selbsterkenntnis.«[43] Daß die »harmonische Struktur« (lies: Entwicklungsform) und »Materialismus« (lies: bürgerlicher Kapitalismus) etwa zur gleichen Zeit das Licht dieser Welt erblickten, ist soziologische Propädeutik, deren Wahrheitsgehalt schon vor der »harmonischen Struktur« in den Orkus fuhr. Wogegen Cage – und hier wäre ihm zu seinem Recht zu verhelfen – Front macht, ist der philosophische Idealismus, der seit Beethoven die westliche Musik einmal mehr, gelegentlich weniger bestimmt hat, jene Übereinkunft darüber, daß Musik mehr sei als eine Anordnung von Tönen. In Adornos »Fragment über Sprache« wird solche Transzendenz auf folgende Formel gebracht: »Gegenüber der meinenden Sprache ist Musik eine von ganz anderem Typus. In ihm liegt ihr theologischer Aspekt. Was sie sagt, ist als Erscheinendes bestimmt zugleich und verborgen. Ihre Idee ist die Gestalt des göttlichen Namens. Sie ist entmythologisiertes Gebet, befreit von der Magie des Einwirkens; der wie immer auch vergebliche Versuch, den Namen selber zu nennen, nicht

---

[41] Cage, a.a.O., 88.
[42] Kostelanetz, a.a.O., 111.
[43] Kostelanetz, a.a.O., 114.

Bedeutungen mitzuteilen.«[44] Die Stellen, an denen Cage an diesen philosophischen nervus rerum rührt, sind eher versteckt: »Bedauerlicherweise hat es das europäische Denken mit sich gebracht, daß wirkliche Dinge, die geschehen, wie etwa, wenn man plötzlich zuhört oder plötzlich niest, nicht als tief angesehen werden.«[45] Wird also (seit Beethoven?) die Tiefe künstlerischer Betätigung ungebührlich überschätzt, als eine Art von säkularisierter Religion sogar von Adorno ästimiert, so bleibt doch auch solches europäisches Denken bei Cage nicht ohne Wirkung – trotz tapferer Lossage vom Christentum: »Ich selber neige dazu, eher ans Erreichen von Zügen zu denken als ans Christentum.«[46] Immerhin konzediert er der Musik noch, Ausdruck von irgendwas zu sein[47], ungeachtet des Umstands, daß gerade das ready made-Verfahren doch den ganzen Expressionismus überflüssig machen sollte. Es verhält sich damit ebenso wie mit dem Kontrapunkt, zu dem Cage mit Erstaunen bemerkte: »Gibt man den Kontrapunkt auf, erhält man Überlagerung, und natürlich kommt ein wenig Kontrapunkt von selbst mit hinein. Wie, weiß ich nicht.«[48]

Auf solche Widersprüche muß Cage notwendigerweise immer wieder stoßen: die Art seines Denkens, der Dialektik als einer Möglichkeit, Widersprüche konstruktiv zu überwinden, gänzlich verschlossen, duldet lediglich das Paradoxon. Selbst der Rekurs auf asiatische Weisheitslehren bleibt angesichts solcher Widersprüche nur rhetorischer Überbau, bietet kaum Hilfestellung bei deren Schlichtung. Wie ein Feldzeichen soll I-Ging die endliche Überwindung der korrumpierten Abendländischen Tradition verkünden, als deren verhängnisvoller Exponent ihm Beethoven gilt. Aber schon dadurch, daß er den Kapitalismus mit dem Schimpfwort Materialismus treffen will, reiht er sich ein in die Phalanx der idealistischen Kritiker des Materialismus, obwohl seine gesamte Argumentation über Marcel Duchamp dem philosophischen Materialismus verpflichtet ist. Die Formulierung »Menschen sind Menschen und Klänge sind Klänge«, die den vergewaltigten Klängen wieder zu ihrem gleichsam natürlichen Recht verhelfen möchte, ist von etwas nebuloser Ambivalenz. Will sie neben dem, was oben erörtert wurde, sagen, daß es den Menschen so geht wie den Klängen, daß auch sie, wie der Psalmist sagt, wie Vieh dahinsterben, oder meint sie, daß Menschen etwas qualitativ anderes seien als Klänge, am Ende etwas Höheres? »Die letzte Antwort wird die Fragen absurd erscheinen lassen« – die letzte Antwort: der Tod – ist dies das nichtsublimierte Bewußtsein des Todes, zu dem der Materialismus, will er im Ernst sich selbst durchhalten, sich durchzuringen hätte? Oder möchte Cage mit der Formel »Das Akzeptieren des Todes ist die Quelle allen Lebens« den Tod schon wieder zu dem machen, was Marcel

---

[44] Th. W. Adorno, Quasi una fantasia. 1963, 11.
[45] Cage, a.a.O., 63.
[46] Cage, a.a.O., 84.
[47] Vgl. Anm. 45.
[48] Cage, a.a.OP., 61.

Duchamp verächtlich ein Problem nannte, vielleicht sogar ein idealistisches? Von Musik Aufnahmen zu machen, verstößt gegen die Würde von Musik – ihre Vergänglichkeit: »Während Leben ohne Tod kein Leben mehr ist sondern bloß Selbst-erhaltung. (Dies ist übrigens ein weiterer Grund, warum Aufnahmen keine Musik sind.)«[49] Musik, bei Bloch im ungebrochenen Bewußtsein abendländischer Tradition noch die dem Tode lichtvoll entgegengesetzte Ausfahrt, ist bei Cage Symbol des Todes, ihr verklingender Bruder. Aber eben schon wieder Symbol, das den Tod in spezifischer Weise interpretiert, ihm interpretierend den Stachel zieht. Cage behauptet von sich, daß er, als der Krieg kam, angefangen habe, sanfte Musik zu schreiben[50], was sich ziemlich auffallend mit dem berührt, was die von ihm getadelten amerikanischen Materialisten als handfeste Totenkulte sich ausgedacht haben: der himmlische Frieden als realistischer Abglanz auf den zurechtgeschminkten Facies der toten Mittelständler. Der einzige Realismus ist der Surrealismus. Das Jenseits, im Leben standhaft geleugnet oder unverbindlich beplappert, wird im Tode massiv herbeigeschminkt. Das weist zurück auf einen denkwürdigen Sachverhalt. Bei Demokrit und Epikur, den Erzvätern des Materialismus, war eines der wichtigsten Motive ihres Denkens, den Menschen die Angst vor den Göttern zu nehmen.[51] Die Angst der heutigen Menschen läuft aber vielmehr darauf hinaus, daß nur das Nichts nach dem Tode sei – oder sonst darüber. Das hat den Materialismus heute gezeichnet. Bei Cage, der den Weltgeist die Rolle des Deus absconditus spielen läßt, wird diesem der Kugelschreiber selbst in die Hand gedrückt: Orakelsprüche und Papierdefekte determinieren, was der Geist des Komponisten zu determinieren sich demütig versagte: dahinter steigt das Bild auf von jenem Meister, dem der Engel selbst die Feder führte. So kehrt Theologisches, Idealistisches, Metaphysisches und was weiß noch wieder in dem, das auszog, mit all diesem Unwesen aufzuräumen: man infiziert sich an dem, wogegen man kämpft.

»Wenn du, ehe du lebst, durch ein Wort gehst, dann ist das ein Umweg«, sagt John Cage.[52] Es hat viele Worte gebraucht, um vor diesem Umweg zu warnen. Leonard Bernstein hat ihn, der den Gott des Christentums mit dem I-Ging-Orakel expurgierte, im Gespräch mit mir einen Philosophen genannt. Das tat er gewiß, um ihn als Musiker zu entschuldigen. Sicher muß man Bernstein einen Musiker nennen, um ihn wegen eines solchen Philosophems zu entschuldigen.

Bleibt als ungeschlichteter Rest, was Cage bisher musikalisch publizierte. Es hat den Anschein, als sei Cage in seinen Werken für präpariertes Klavier dem Ziel des musikalischen ready made am nächsten gekommen. Das, wonach eine ganze Generation von redlich handwerkenden

[49] Cage, a.a.O., 30.
[50] vgl. Anm. 33.
[51] Adorno, Terminologie. 185.
[52] Cage, a.a.O., 31.

Neutönern sich vergeblich ausstreckte, eine musikalische Sprache zu finden, die gleicherweise frei sei von gesellschaftlicher Befleckung und doch höchste Verbindlichkeit garantiere, ist Cage in den Werken für präpariertes Klavier gelungen. Zwar nicht ganz dem Makel der Chinoiserie entlaufen, gelingt es dem Komponisten darin, sich samt dem Interpreten diskret aus der Musik zurückzuziehen. Was tönt, ist nicht so sehr das Werk, als vielmehr dessen Negation; Cage würde vielleicht sagen: die Musik selbst. Entfremdung und Vertrautheit durchdringen sich in ihr dergestalt, daß der Hörer in der Vertrautheit das Moment der Entfremdung, in der Entfremdung doch ein Vertrautes gewahrt. Die Bolzen, Schrauben, Holzstückchen und Radiergummis, mit deren Hilfe ein Graben um die Subjektivität gelegt wird, benutzt Cage dazu, Klänge zu erzeugen, die Klänge sind, archaisch und exotisch in einem, unbesetzt von Libido und Sentiment. Freilich hat auch diese Musik, von der Cage sagen würde: sie ist, ihre Geschichte. Wo sie früher Schocks versetzte, gießt sie heute ein sanftes Licht über die Stationen auf der Reise ins innere Morgenland. Sie verfällt so dem Verdikt von Marcel Duchamp, Kunst sei insgesamt eine Droge.[53] Die Spur der ready mades verflüchtigt sich. Immer mehr schält sich Musik heraus, die so tut, als klinge sie aus alter, vielleicht sogar aus guter alter Zeit. Die nur tönen sollte, beginnt allmählich zu reden, wird geschwätzig. Damit weist sie über sich hinaus, hat die Unschuld, die der Materialismus ihr zugedacht hatte, verloren.

Wo Cage Marcel Duchamps ready made-Verfahren radikaler sich zu eigen machte, ist das Ergebnis noch verblüffender. Um den Notentext zu seinen »Etudes australes« zu gewinnen, legte Cage Transparente über die Karten des südlichen Sternenhimmels. Der Text der »Music of Changes« wurde nach I-Ging-Rezepten erwürfelt. Die Musik jedoch, die sich aus solchen Manipulationen herauskristallisierte, ist der Sprache von Boulez' Klaviersonaten zum Beispiel so angenähert, daß ihr Gestus mit dem jener heillos verwechselt wurde. Der Rekurs auf unwandelbar Vorgegebenes, der die Musik vom Odium des Privaten reinigen sollte, läßt das Ergebnis in eben dies Private umschlagen. Das mag am sektiererischen Impuls liegen, der die Manipulationen diktierte. Das könnte aber ebenso seine Ursache darin haben, daß die Kategorie von Objektivität, die so schnell gegen die insuffiziente Subjektivität auf den Plan gerufen wird, selbst subjektiv bestimmt ist. Cage hat, als er das ready made als Garant für einen künstlerischen Objektivierungsprozeß installierte, sich dem dadurch gewonnenen Objekt gegenüber keineswegs gleichgültig verhalten. Vielmehr gesteht er: »Als ich anfing, mit Münzen zu losen, dachte ich manchmal: hoffentlich ergibt sich dies und das.«[54] Das benennt nicht nur die Furcht davor, einem gleichsam automatisch ablaufenden Prozeß einspruchslos ausgeliefert zu sein, sondern hält in Gestalt des subjektiven

---

[53] Vgl. Anm. 11.
[54] Cage, a.a.O., 60.

Interesses am Objekt das Moment des Subjektiven fest, so »als sei's ein Stück von mir«. Reizvoll der Gedanke, sich vorzustellen, Cage hätte Duchamps Idee des ready made mit dessen Konsequenz auf die Musik übertragen, hätte etwa die amerikanische Nationalhymne einfach zur eigenen Komposition erklärt, so wie es Duchamp mit dem Flaschenständer getan hat. Abgesehen davon, daß er dadurch mit den Urheberrechtsgesetzen in Kollision geraten wäre, hätte ihm solche Übertragung lediglich das Odium eingebracht, ein Schwindler zu sein. Daß Cage andere Methoden suchte, will kaum besagen, er wollte sich von Duchamp subjektiv unterscheiden. Vielmehr gebot ihm die massiv subjektive Spur an den musikalischen Objektiven objektiv eine andere Lösung. Auch der Versuch, ein Produkt der Schlagerindustrie als Cages Pissoir-Fontaine auszustellen, wäre nicht nur in den Prozessen mit den Schlagerbüros zergangen. Das, was Duchamp als ready made anvisierte – nicht allein das Pissoir, sondern auch die Leinwand, die industriellen Farben –, ist in der Musik nur als musikalisches Material vorstellbar; daß Noten auf Papier ein ready made, geschrieben werden, ist musikalisch belanglos. In dem Augenblick jedoch, da das ready made als musikalisches gesetzt werden soll, figuriert es schon als ein der Musik Immanentes, wo es sich doch von der Musik zu unterscheiden hätte. Auch mit Umweltgeräuschen zu arbeiten, umgeht kaum die Schwierigkeiten. Bedarf es doch zunächst der Definition dieser Geräusche als musikalischer, bevor diese auf die Musik bezogen werden. Es ist also mit ihnen so zu verfahren, als seien sie musikalische Materialien, gleichsam nur Ersatz fürs Eigentliche. Gerade solche »Musikalisierung aber drückt dem ready made in Gestalt der écriture den Stempel von Subjektivität auf. »Erde entgeht nicht dem Himmel«, sagt Cage[55], was sich bequem zur Maxime »Musik entgeht nicht der Subjektivität« umdeuten ließe.

Doch würde Cage solche emphatische Setzung des Subjekts nicht ohne Nachsicht belächeln, weil er dahinter die obsolete Philosophie der formalen Trennung von Subjekt und Objekt, von Besonderem und Allgemeinem vermuten würde, deren Abhub heute dazu dient, den Subjekten einzureden, sie seien welche. Nicht nur geht, wie Adorno sagte, der Riß zwischen Subjekt und Gesellschaft mitten durch dieses hindurch, sondern Subjekt konstituiert sich als schäbiger Rest dessen, was Gesellschaft am Subjekt übrigließ. Nun wird durch diese Erkenntnis der Graben zwischen Subjekt und Gesellschaft nur ins Subjekt selbst verlegt, dieses zieht sich gleichsam auf sein besseres Teil zurück. Da jedoch jedes Subjekt gleichzeitig Residuum von sich selbst und Konstituens von Gesellschaft ist, also mehr oder weniger tatkräftig an der Ausbildung der Pressionen beteiligt ist, die das Subjekt zermalmen, kann umgekehrt die Gesellschaft als blinde sich nur im Subjekt erfahren. »Die kollektiven Mächte liquidieren auch in der Musik die unrettbare Individualität, aber

---

[55] Cage, a.a.O., 61.

bloß Individuen sind fähig, ihnen gegenüber, erkennend, das Anliegen von Kollektivität noch zu vertreten.«[56] Adornos Valéry-Aufsatz liefert zu solcher Dialektik einen Kommentar, der auch ein zentrales Moment von John Cages Position trifft: »Künstlerische Produktivkraft ist die der Selbstauslöschung.«[57] Nach Marcel Duchamps Tod hat Cage – auch das bezeichnend für den Komponisten Cage – kein musikalisches Tombeau, kein schönes, strenges In memoriam geschrieben, sondern ein Plexigramm-Multiples gemacht. Die durch Zufallsoperationen ausgewählten Buchstaben wurden auf Plexiglasscheiben gedruckt, dann in einen dafür vorgesehenen Holzständer gestellt. Cage gab dem Ganzen den Titel: »Not wanting to say anything about Marcel«. Niemand wird bestreiten, daß diese Buchstabencollage nichts sagt. Und doch spricht sie unübersehbar aus, was John Cage bei Marcel Duchamp alles gelernt hat – es ist dies keineswegs nur das Bedrucken von Plexiglas oder das Schachspiel, sondern mehr noch: Denken.

---

[56] Th. W. Adorno, Dissonanzen. 1956, 45.
[57] Th. W. Adorno, Noten zur Literatur II. 1965, 76.

Heinz-Klaus Metzger

Anarchie durch Negation der Zeit oder Probe einer Lektion wider die Moral

Hebel – Adorno – Cage (Variations I)

> Für Dieter Schnebel zum 14. März
>
> Toute société constituée est une provocation à la débauche; et ceci pour la même raison que toute propriété trop bien assurée est ressentie comme vol.
>
> Julien Alvard, L'Art moral ou La répétition punie

Unsere Zeit läuft ab, da hilft kein »carpe diem«, keine spes aeternitatis, auch kein Komponieren.

Wer sich unter diesen Umständen vermißt, Musik zu schreiben, also ästhetische Gebilde zu konzipieren, deren Wesen darin besteht, Zeit zu artikulieren und dadurch in Anspruch zu nehmen, verfügt mit der technischen Festlegung der Dauer seiner Komposition niemals nur über abstrakte Zeitspannen, die sich musikalisch als Ereignis, Gestalt, Relation, Struktur, Form konkretisieren, sondern immer auch über ein Stück der realen Lebenszeit seiner prospektiven Hörer, das unwiederbringlich ist. Entbehrt eine musikalische Komposition schlechthin dessen, was ein Interesse an ihr begründen könnte, so daß Hörer, die ihr unglücklicherweise folgen, darüber Alternativen sinnigerer Erfahrung oder Aktivität ipso facto versäumen, so hat der Komponist tatsächlich ihr Leben verkürzt. Solches Komponieren gravitiert virtuell zum Mord. Nicht umsonst standen unter der Herrschaft des Nationalsozialismus, der radikale Musik verfemte, vielerlei Elaborate »gemäßigter« Art in Schwang und Ansehen: wie sie technisch mit der Zeit verfuhren, war Massenmord, hatte keineswegs bloß eine Affinität zu ihm.[1] Mag, wie man sagt, wer den Sack schlägt, den Esel meinen; wenn Musik die Zeit totschlägt, sind

---

[1] Dasselbe gilt für alles moderate Komponieren auch heute, für das der genuin Mediokren sowohl, die nachgerade in Scharen mit ihrem galvanisierten Trödel über die einstigen Schauplätze avancierter musikalischer Praxis und Präsentation herfallen, wie für das heruntergekommene etlicher ehemaliger Avantgardisten selber, die ihre eigenen Akquisitionen mittlerweile verschlampt haben. Das Zeug, welch besonderer Provenienz auch, hat seine jeweiligen Aufführungsdauern und stiehlt den Menschen das einzige, was sie auf Erden haben: ihre Zeit, die ihnen eh dahinschwindet.

stets Menschen gemeint. Denen kehrt indes kein Augenblick zurück: darum ist schlechte Musik nie »wieder« gut zu machen.

Statt über die physikalische Ursache der Irreversibilität der Zeit – zweiter Hauptsatz der Thermodynamik, Zunahme der Entropie – chochmatische Spekulationen zu entfalten, sollte man sich ihren wirtschaftlichen Gründen zuwenden. Diese könnten inskünftig sich als veränderbar (gar aufhebbar?) erweisen; jedenfalls sind sie seit – ja fast vor – den Anfängen der europäischen Philosophie erkannt worden: in Spiegelschrift freilich, als Umkehrung gerade des Unumkehrbaren, und dies um der Fiktion der Gerechtigkeit willen. Zwar ist der sogenannte Spruch des Anaximandros nicht als abgeschlossenes Lehrstück überliefert, das wenigstens einen erkennbaren Beginn, ein genaues Ende und keine allzu unsicheren Unterbrechungen seines Progresses aufwiese, sondern ohne rechte Trennschärfe in einen Bericht verwoben auf uns gekommen, den sein maßgeblicher Herausgeber Diels an Ort und Stelle als »Simplic. phys. 24,13 (Z. 22–29 aus Theophrasts Phys. Opin. fr. 2 Dox. 476)« kennzeichnet[2]; immerhin möchte dem ebenso schmalen wie dispersen Fragment sich als indubitabel anaximandrinisch entnehmen lassen, daß der Anfang (ἀρχή [3]) der Dinge das ἄπειρον[4] sei, daß sie ferner dorthin, woher sie kommen, auch untergehen »nach der Notwendigkeit. Denn sie zahlen einander Strafe und Buße für ihre Ruchlosigkeit [gemäß ihrer Schuldigkeit] nach der Zeit Ordnung.«[5] Der Tausch von Wertäquivalenten, Wesen der Warenwirtschaft und Kern der Verwertung des Kapitals, auch seit es vor allem mit der Arbeitskraft sich tauscht, bewahrt noch auf der Höhe der verfeinerten Marktzivilisation[6] die Spur seiner unvordenklichen Urständ: Tausch entstand aus Rache, ist deren Rationalisierung, Ergebnis mühsamer Überführung der archaïschen Wirtschaftsverhältnisse, die auf Raub und Gegenraub beruht haben müssen, in die gesittete Vereinbarung zwischen Kontrahenten »gemäß ihrer Schuldigkeit nach der Zeit Ordnung«. Doch ist der Sache ein Drohendes verblieben: jeder weiß, was es bedeutet, wenn zwei »eine alte Rechnung miteinander zu begleichen haben« oder einer dem andern etwas »heimzahlt«.

[2] Vgl. Die Fragmente der Vorsokratiker. Griechisch und deutsch von Hermann Diels, Vierte Auflage, Erster Band, Berlin 1922, S. 15.
[3] Das heikle Wort heißt Ursprung und Herrschaft zugleich. Seine zunächst morphematische Negation vermittelst des alpha privativum hat den Begriff der Anarchie, damit aber auch den politischen des Anarchismus, konstituiert. Geht man von der inhärenten Semantik der heute umstrittenen Begriffsbildung aus, so kann Anarchismus philosophisch nur meinen, daß kein Erstes anzuerkennen sei, aus dem das Weitere folge — also Absage an jede prima philosophia, wie Hegel sie zu Anfang seiner Logik in Form des Beweises eben der Unmöglichkeit eines Anfangs vollzog, die daraus sich ergibt, daß alle Unmittelbarkeit bereits in sich vermittelt ist; als gesellschaftliches Konzept aber bezeichnet Anarchismus die Auffassung, es solle keine Herrschaft sein, keine Gewalt innegehabt und geübt werden.
[4] Unbegrenztes, Unermeßliches, Unendliches, Unzähliges, Unerfahrenes, Unkundiges.
[5] Diels, a.a.O.
[6] Ward doch die rohe, geradezu noch brachiale Verschiebung leibhafter Güter und klingender Münzen unterdessen in den essentiellen Rayons der Wirtschaft zu puren Verrechnungsoperationen, die in elektronischen Schaltvorgängen ihre eigentümliche Szene haben, veredelt und vergeistigt.

In bösem Widerspruch aber zur philosophischen Spekulation, die auf herrschende Ideologie, welche die betrogenen Menschen begütigen möchte, herabkam, hat die Realität bislang solche Gerechtigkeit kaum kennengelernt. Historië ist in Wirklichkeit so irreversibel wie nur der ökonomische Prozeß selber, der ihr zwanghaftes Movens – durch keinerlei »Geistesgeschichte« korrigierbar – bildet und längst dazu überging, die Erde zu zerstören, indem er sie vollends aufbraucht; wird dabei auch immer ungeheuerlicher gezahlt, so doch niemals »heim«. Nicht daß dem Weltlauf jegliches zyklische Moment – Wiederkehr, Rückkehr – abginge, welches einst ganze Philosophien, von Macchiavelli über Vico bis zu Nietzsche, ihm zugrundelegen wollten; die populäre Redensart vom »Rad« der Geschichte, das man »nicht zurückdrehen kann«, hat für die dialektische Kontradiktion zwischen trostlos kreisförmiger Bewegung – »Was gewesen ist, wird wieder sein, was geschah, wird wieder geschehen; es gibt nichts Neues unter der Sonne« (Pred. 1,9) – und gleichwohl absoluter Irrekuperabilität der Zeit wenigstens ein treffliches Bild geprägt. Allein das Zyklische des Kapitalismus ist, wie aus der Kritik der politischen Ökonomie erhellt, nichts als der Krisenzyklus. Ihm entspricht in den musikalischen Formen der bürgerlichen Ära die »Reprise« samt der auffallenden Beliebtheit aller Schemata, die auf ihr beruhen: ternäre Bildungen nach der Formel A-B-A oder A-B-A', die übrigens mit der Einfühlsamkeit künstlerischen Ingeniums zugleich die einfachsten Tauschoperationen ästhetisch reflektieren; dann ganze Verkettungen in Rondi $A-B^1-A-B^2-A-B^3-A$-etc., die schon eher veritablen Handelsketten oder schlechterdings dem entsprechen, was ein Ökonom, der von den »Zeiten« vor allem weiß, daß sie abwechselnd »gut« oder »schlecht« sind, sich unter einem normalen Geschäftsgang längerfristig vorstellt (das reicht in der Struktur der klassischen bürgerlichen Musik bis in die Unterscheidung zwischen »guten« und »schlechten« Zählzeiten des Takts hinein); schließlich das Entfaltetste: die Sonatenform, wo aus der »Durchführung« des »Konflikts«, der mit der »Exposition« zweier kontrastierender Themen gesetzt ward, als Facit des Ganzen die »Reprise« (Begleichung einer Schuld?) »prozessual resultiert«. In den gelungensten Hervorbringungen des Wiener Klassizismus, namentlich einigen wahrhaft radikalen Sonatenkonstruktionen Beethovens, repräsentiert die Reprise in der Tat den Augenblick höchster Krisis – und Kritik; dagegen geriet sie minderen Kompositionen oft triumphal. Dergleichen ist aber der Triumph entweder dessen, der weiß, daß bei ihm eh nichts mehr zu holen ist, oder schlimmer: eines Siegers.[7]

---

[7] In viel neoprimitiver Musik, die heutzutage blüht, feiert Wiederholung ihre endlich erlangte *Permanenz*. Sie spielt zur Permanenz der Krise nicht nur des Kapitalismus, sondern mittlerweile des Wirtschaftens überhaupt auf, auch wenn ihre Adepten die Monotonie aus einem imaginären Afghanistan oder weiß der Satan woher haben wollen. »Reprisen«, deren Begriff ja voraussetzt, daß vor der Wiederkehr desselben zumindest etwas anderes stattgefunden hätte, sind dabei kaum noch erforderlich: der aktuelle Schund ist längst *unmittelbar* repetitiv, besteht bloß aus direkter Wiederholung seiner selbst.

Die Zeit geht auch darüber hinweg, zumal die eigene Lebenszeit: memento mori. »Musik stellt Ordnungsverhältnisse in der Zeit dar. Das setzt eine Vorstellung voraus, die man sich von dieser Zeit macht. Wir hören Veränderungen im Schallfeld: Stille-Ton-Stille, oder Ton-Ton. Dabei können wir verschieden große Zeitabstände zwischen Veränderungen unterscheiden. Die Zeitabstände seien *Phasen* genannt.«[8] Stockhausensche »Phasen« sind Differenzen zwischen früher und später; solche Differenzen allerdings sind in Wahrheit zugleich – ja zuerst – moralische Kategorien. Johann Peter Hebel hat erkannt, daß einzig aus ihnen rationale Kriterien für eine Moral des Privateigentums konstruïerbar sind: »Worin besteht der Unterschied zwischen einem ehrlichen Mann und einem unehrlichen? Antwort: der ehrliche Mann findet nichts eher, als bis es der Eigenthümer verloren hat. Im andern Fall verliert es der Eigenthümer erst, wenn es der Unehrliche findet.«[9] Freilich ist Privateigentum undenkbar ohne die gesicherte Identität des Eigentümers: »An einem schönen Sommerabend fuhr der Herr Vogt von Trudenbach in seinem Kaleschlein noch spät vom Brassenheimer Fruchtmarkt zurück, und das Rößlein hatte zwei zu ziehen, nämlich den Herrn Vogt und seinen Rausch. Unterwegs am Straßwirthshaus schauten noch ein Paar lustige Köpfe zum Fenster heraus, ob der Herr Vogt nicht noch ein wenig einkehren, und eines Bescheid thun wolle; die Nacht sey mondhell. Der Herr Vogt scheute sich weniger vor dem Bescheid als vor dem Ab- und Aufsteigen in das Kaleschlein, maßen es ihm schon am Morgen schwer wird, aber am Abend fast unmöglich. Der Herr Theodor meinte zwar: ›Wir wollen das Kaleschlein auf die Seite umlegen und ihn abladen‹, aber kürzer war es doch, man ging mit der Flasche zu ihm hinaus. Aus einer Flasche wurden vier, und die Redensarten manquirten ihm immer mehr, bis ihm der Schlaf die Zunge und die letzte Besinnung band. Als er aber eingeschlafen war, führten die lustigen Köpfe das Rößlein in den Stall, und ließen ihn auf der Straße sitzen. Früh aber, als ihn vor dem Fenster des Wirths die Wachtel weckte, kam er sich kurios vor, und wußte lange nicht, wo er sey, und wo er sich befinde. Denn nachdem er sich eine Zeitlang umgesehen und die Augen ausgerieben hatte, sagte er endlich: ›Jetzt kommt alles darauf an, ob ich der Vogt von Trudenbach bin, oder nicht. Denn bin ich's, so hab' ich ein Rößlein verloren, bin ich's aber nicht, so hab' ich ein Kaleschlein gefunden.‹«[10] Adorno hat diese Theorie zur kritischen vorgetrieben: »Die Irreversibilität der Zeit gibt ein objektives moralisches Kriterium ab. Aber es ist dem Mythos verschwistert wie die abstrakte Zeit selbst. Die in ihr gesetzte Ausschließ-

---

[8] Karlheinz Stockhausen, »... wie die Zeit vergeht ...«, in: Texte zur elektronischen und instrumentalen Musik, hrsg. v. Dieter Schnebel, Bd. I, S. 99.

[9] Johann Peter Hebel, »Nützliche Lehren«, in: J. P. Hebels Werke, Ausgabe in drei Bänden, Dritter Band, Karlsruhe 1847 = Erzählungen des rheinländischen Hausfreundes, Zweite Abtheilung, 1814–1819, S. 59.

[10] Ders., »Verloren oder gefunden«, a.a.O., S. 58.

lichkeit entfaltet sich ihrem eigenen Begriff nach zur ausschließenden Herrschaft hermetisch dichter Gruppen, schließlich der großen Industrie. Nichts rührender als das Bangen der Liebenden, die Neue könnte Liebe und Zärtlichkeit, ihren besten Besitz, eben weil sie sich nicht besitzen lassen, auf sich ziehen, gerade vermöge jener Neuheit, die vom Vorrecht des Älteren selber hervorgebracht wird. Aber von diesem Rührenden, mit dem zugleich alle Wärme und alles Geborgensein zerginge, führt ein unaufhaltsamer Weg über die Abneigung des Brüderchens gegen den Nachgeborenen und die Verachtung des Verbindungsstudenten für seinen Fuchs zu den Immigrationsgesetzen, die im sozialdemokratischen Australien alle Nichtkaukasier draußen halten, bis zur faschistischen Ausrottung der Rasseminorität, womit dann in der Tat Wärme und Geborgensein ins Nichts explodieren. Nicht nur sind, wie Nietzsche es wußte, alle guten Dinge einmal böse Dinge gewesen: die zartesten, ihrer eigenen Schwerkraft überlassen, haben die Tendenz, in der unausdenkbaren Roheit sich zu vollenden. Es wäre müßig, aus solcher Verstrickung den Ausweg weisen zu wollen. Doch läßt sich wohl das unheilvolle Moment benennen, das jene ganze Dialektik ins Spiel bringt. Es liegt beim ausschließenden Charakter des Ersten. Die ursprüngliche Beziehung, in ihrer bloßen Unmittelbarkeit, setzt bereits eben jene abstrakte Zeitordnung voraus. Historisch ist der Zeitbegriff selber auf Grund der Eigentumsordnung gebildet.«[11]

Anarchistisches Komponieren – Negation der ἀρχή: des Anfangs, des Ersten, der Priorität, des Vorrechts, der Herrschaft schlechthin – muß technisch jenen Zeitbegriff aufheben, um die Eigentumsordnung zu treffen. Cages »Variations I for David Tudor« implizieren in unscheinbarster Verkleidung ein Modell, das – wenn auch vorerst nur im Kopf – die Welt aus den Angeln hebt. Die Beschreibung der paar zellophanenen Blätter und die Instruktion zu ihrem Gebrauch sind extrem schlicht, die trockene Diktion hat nichts vom Pathos einer Verheißung: »Six squares of transparent material, one having points of 4 sizes: the 13 very small ones are single sounds; the 7 small but larger ones are 2 sounds; the 3 of greater size are 3 sounds; the 4 largest 4 or more sounds. Pluralities are played together or as ›constellations‹. In using pluralities, an equal number of the 5 other squares (having 5 lines each) are to be used for determinations, or equal number of positions, – each square having 4. The 5 lines are: lowest frequency, simplest overtone structure, greatest amplitude, least duration, and earliest occurence within a decided upon time. Perpendiculars from points to lines give distances to be measured or simply observed. Any number of performers; any kind and number of instruments. – On his birthday (tardily), January 1958.« Das Pekuliare des Stücks liegt nicht einmal darin, daß alle Bestimmungen, aus denen es

---

[11] Theodor W. Adorno, »Moral und Zeitordnung«, in: Minima Moralia, Frankfurt am Main 1951, S. 138 ff.

besteht, Nicht-Festlegungen sind, sein technischer Inhalt absolute Freiheit ist, die Methode hingegen, sie zu garantieren, absolut rigoros; das eben macht die Substanz der meisten anderen Spätwerke Cages nicht minder aus. Es geht vielmehr darum, daß zum ersten Mal in der Geschichte eine Musik konzipiert ward, *in welcher der Zeitpunkt, zu dem ein Klang erscheint, einzig dessen eigene Sache ist.*[12] Kein Kontext determiniert in den »Variations I« je den Moment, zu dem ein bestimmtes Schallereignis eintritt, es gibt kein Kriterium des Verlaufs der Komposition, keine Zeitordnung reguliert Sukzession und Simultaneität von Tönen, Geräuschen, Pausen; deren jeweiliger Augenblick resultiert zusammen mit allen ihren übrigen charakteristischen Eigenschaften – Höhe, Timbre, Intensität, Dauer – allein aus ihren eigenen individuellen Bestimmungen, die vermittelst eines Verfahrens gewonnen werden, unter dessen Merkmalen die absolute Freiheit der Meßtechnik und Kalkulation gegenüber dem freilich pedestren meßtechnisch-kalkulatorischen Aspekt dieser Freiheit doch wird hervorgehoben werden dürfen. Das Werk leistet durchaus die Konstruktion des reinen »An sich«, die Emanzipation von jeglichem »Für anderes«, seiner Einzelmomente: indem jeder Zeitpunkt, zu welchem etwas geschieht, definitiv zur exklusiven Funktion des singulären Ereignisses wird, das zu eben diesem Zeitpunkt deshalb stattfindet, weil es eine seiner ausschließlich in ihm selbst begründeten Eigenschaften ist, zu ihm sich zuzutragen, »folgt« kein Augenblick dem anderen mehr aus dem unvordenklichen Rechtsgrund, daß jener »früher« und er »später« wäre »nach der Notwendigkeit. Denn sie zahlen einander« keine »Strafe und Buße« mehr »gemäß ihrer Schuldigkeit nach der Zeit Ordnung.« Solche Rebellion, die – wenn auch bislang nur im Komponieren – *einem jeglichen seine eigene Zeit* verleiht, ermöglicht es jedenfalls, Pred. 3, 1–9 (»Omnia tempus habent ...«) nicht mehr bloß resignativ, wie die schier unvergleichlichen Verse zweifellos gemeint waren, sondern vielleicht prophetisch zu lesen[13]:

1 לַכֹּל זְמָן וְעֵת לְכָל־חֵפֶץ תַּחַת הַשָּׁמָיִם:
2 עֵת לָלֶדֶת   וְעֵת לָמוּת
   עֵת לָטַעַת   וְעֵת לַעֲקוֹר נָטוּעַ:
3 עֵת לַהֲרוֹג   וְעֵת לִרְפּוֹא

---

[12] Die »Variations II« bedeuten eine ingeniöse Ökonomisierung der »Variations I«. Sie werden hier nicht besonders erörtert, da dasselbe Prinzip zugrunde liegt.

[13] Luthers Übersetzung: 1. Ejn jglichs hat seine zeit / Vnd alles fürnemen vnter dem Himel hat seine stund. 2. Geborn werden Sterben Pflantzen Ausrotten das gepflantzt ist 3. Würgen Heilen Brechen Bawn 4. Weinen Lachen Klagen Tantzen 5. Stein zestrewen Stein samlen Hertzen Fernen von Hertzen 6. Suchen Verlieren Behalten Wegwerffen 7. Zureissen Zuneen Schweigen Reden 8. Lieben Hassen Streit Fried / hat seine zeit. 9. Man erbeit wie man wil / So kan man nicht mehr ausrichten.

4 עֵת לִבְכּוֹת   וְעֵת לִשְׂחוֹק   עֵת לִפְרוֹץ   וְעֵת לִבְנוֹת:
  עֵת סְפוֹד   וְעֵת רְקוֹד:
5 עֵת לְהַשְׁלִיךְ אֲבָנִים   וְעֵת כְּנוֹס אֲבָנִים
  עֵת לַחֲבוֹק   וְעֵת לִרְחֹק מֵחַבֵּק:
6 עֵת לְבַקֵּשׁ   וְעֵת לְאַבֵּד
  עֵת לִשְׁמוֹר   וְעֵת לְהַשְׁלִיךְ:
7 עֵת לִקְרוֹעַ   וְעֵת לִתְפּוֹר
  עֵת לַחֲשׁוֹת   וְעֵת לְדַבֵּר:
8 עֵת לֶאֱהֹב   וְעֵת לִשְׂנֹא
  עֵת מִלְחָמָה   וְעֵת שָׁלוֹם:
9 מַה־יִּתְרוֹן הָעוֹשֶׂה בַּאֲשֶׁר הוּא עָמֵל:

Inhalt des Textes ist, wie der technische von Cages »Variations I«, die revolutionäre Konstruktion des »An sich«, und zwar vermittelst desselben Kunstgriffs: der Negation jenes Zeitbegriffs, der nach Hebels freundlicher wie Adornos böser Einsicht an der Eigentumsordnung gebildet ist und deren Terror transmittiert.[14] Man sollte sich durch Vers 9 nicht irre machen lassen; Luther unterschlug das Wort »jithron«, das »Gewinn« meint. Eine angemessene moderne Übersetzung des Verses wäre: »Welchen Mehrwert (Tauschwert?) erhält der Produzent dafür, daß er sich abmüht?« Es geht also um eine Polemik gegen die universale Fungibilität, die totale Herrschaft des »Für anderes«, die objektive Demenz einer Produktion von Waren, die niemand braucht, einzig um des Tausch- und Mehrwerts willen; heute vernichtet sie nachgerade die Welt. Dabei müßten die Menschen den Tausch, den sie selber eingeführt haben, doch auch wieder abschaffen können wie Cage in den »Variations I« die Verhältnisse, die ihn einst kompositionstechnisch abgebildet hatten, zumal die Erkenntnis des Unwesens längst selbst den Klassenantagonismus überbrückt: »In fact ist ja dieser ›produktive‹ Arbeiter grade ebenso interessiert an dem Scheißdreck, den er machen muß, wie der Kapitalist selber, der auch den Teufel nach dem Plunder fragt.«[15] Die große Heimzahlung, den Umschlag des »Für anderes« ins »An sich«, postulieren der Prediger und Cages »Variations I« in der eigentümlichen Form des Ge-

---

[14] Hebels Verhältnis zum Eigentum war problematisch: »Als Junge war er für seine Streiche berüchtigt, und vom erwachsenen Hebel erzählt man, Gall, der berühmte Begründer der Phrenologie, sei einmal ins Badische gekommen. Da habe man auch Hebel ihm präsentiert und ihn um ein Gutachten gebeten. Aber unter undeutlichem Gemurmel habe Gall beim Befühlen nichts als die Worte ›ungemein stark ausgebildet‹ vernehmen lassen. Und Hebel selber, fragend: ›Das Diebsorgan?‹« Walter Benjamin, »Johann Peter Hebel«, in: Gesammelte Schriften, Bd. II/2, hrsg. v. Rolf Tiedemann u. Hermann Schweppenhäuser, Frankfurt am Main 1977, S. 639.

[15] Karl Marx, Grundrisse der Kritik der politischen Ökonomie, Moskau 1939 u. 1941, S. 184.

dankens einer Suspension der herrschenden Zeit: es solle stattdessen einem jeglichen seine eigene Zeit werden. »Noch in der Juli-Revolution hatte sich ein Zwischenfall zugetragen, in dem dieses Bewußtsein zu seinem Recht gelangte. Als der Abend des ersten Kampftages gekommen war, ergab es sich, daß an mehreren Stellen von Paris unabhängig voneinander und gleichzeitig nach den Turmuhren geschossen wurde. Ein Augenzeuge, der seine Divination vielleicht dem Reim zu verdanken hat, schrieb damals: Qui le croirait! on dit qu'irrités contre l'heure / De nouveaux Josués, au pied de chaque tour, / Tiraient sur les cadrans pour arrêter le jour.«[16]

---

[16] Walter Benjamin, »Über den Begriff der Geschichte«, in: Gesammelte Schriften, Bd. I/2, hrsg. v. Rolf Tiedemann und Hermann Schweppenhäuser, S. 702.

Einige Lebensdaten John Cages*

1912

Geburt am 5. September in Los Angeles als Sohn des technischen Erfinders John Milton Cage.
Während der Kindheit zahlreiche Umzüge der Familie, exzellenter Schüler, erster Klavierunterricht.

1928

Besteht die Abschlußprüfung der Los Angeles High School mit der höchsten Punktzahl, die jemals in der Geschichte dieser Schule erreicht wurde. Tritt in das Pomona College in Claremont (Kalifornien) ein, studiert dort zwei Jahre lang. Erste Gedichte, denkt an eine literarische Karriere.

1930

Zur Weiterbildung nach Paris. Studiert Architektur bei Goldfinger, Klavier bei Lazare Lévy, der ihm die Musik Bachs erschließt. Übt Klavierwerke Skrjabins, Hindemiths, Strawinskys. Beginnt zu malen.
Reisen nach Capri, Biskra, Mallorca, Madrid, Berlin. Dichtet und malt. Die ersten musikalischen Kompositionen entstehen auf Mallorca.

1931

Kehrt – nach 17 Monaten in Europa – in die Vereinigten Staaten zurück. Schreibt, malt und komponiert weiter. Die Familie gerät in Schwierigkeiten. Verdient sich seinen Lebensunterhalt durch Arbeit als Gärtner in einem Motel in Santa Monica und durch Vorträge über moderne Malerei und Musik vor Hausfrauen. Studiert Komposition bei Richard Buhlig, erfindet eine Kompositionsmethode unter Anwendung von zwei 25-Ton-Reihen mit striktem Tonwiederholungsverbot, um die »Struktur« seiner Stücke zu »verbessern«.

1933

Studiert auf Anraten Henry Cowells bei Adolphe Weiss in New York Harmonielehre und Kontrapunkt, um sich auf das bereits beabsichtigte Studium bei Arnold Schönberg vorzubereiten. Studiert gleichzeitig moderne, orientalische

---

* Diese Übersicht wurde, abgesehen von eigenen Recherchen, im wesentlichen nach Ellsworth J. Snyder, »Zeittafel von John Cages Leben«, in: Richard Kostelanetz, John Cage, Köln 1973, S. 66–70, nach Daniel Charles, »Chronologie cagienne«, in: John Cage, Pour les Oiseaux, Paris 1976, S. 245–254, nach »Biographie in Stichworten« (anonym), in: NACHTCAGETAG, Vierundzwanzig Stunden für und mit John Cage, Musik und Hörspiel. Eine Radio-Hommage aus Anlaß seines 75. Geburtstages (Redakteure am Mikrophon: Wolfgang Becker-Carstens und Klaus Schöning), WDR Köln, S. 134–137, sowie nach Enige bekende feiten over John Cage alsmede een lijst van zijn composities, geschriften en beeldende kunst en een aantal eigen werktoelichtingen, samenstelling en vertaling: Frans van Rossum, Koninklijk Conservatorium Den Haag, zusammengestellt.

und populäre Musik bei Henry Cowell an der New School for Social Research in New York.

1934

Schönberg nimmt in Los Angeles Cage als Schüler an, obwohl dieser ihn nicht bezahlen kann. Schönberg stellt aber eine Bedingung: Cage muß geloben, »sein Leben der Musik zu widmen«.
Cage studiert bei Schönberg privat Kontrapunkt, nimmt an dessen Analyse-Kursen an der University of Southern California, später an den Kontrapunkt- und Analyse-Kursen Schönbergs an der University of California in Los Angeles (UCLA) teil.
Begegnung mit dem abstrakten Cinéasten Fischinger, der bei Cage eine Filmmusik bestellt. Fischingers Idee, daß »der Klang die Seele eines unbelebten Gegenstandes« sei, wird für Cage bestimmend.

1937

Musikalischer Betreuer einer modernen Tanzgruppe der UCLA.
Buchbinderlehre bei Hazel Dreis; gründet zusammen mit anderen Buchbindern ein Schlagzeugquartett.
Erhält die Stelle eines Komponisten und Begleiters der Ballettklasse von Bonnie Bird an der Cornish School in Seattle. Gründet in Seattle, wo er zwei Jahre bleibt, ein Schlagzeugorchester, mit dem er ausgedehnte Tournéen unternimmt.
Freundschaft mit Mark Tobey und Morris Graves.

1938

Erhält von Lou Harrison einen Lehrauftrag bei den Sommerkursen des Mills College in Kalifornien, wo er László Moholy-Nagy kennenlernt.

1939

Übersiedlung nach San Francisco. Schlagzeugkonzerte mit Lou Harrison. Sozialarbeit mit Kindern im Auftrag der Works Progress Administration, einer staatlichen Stelle zur Untersuchung von Arbeitsbedingungen und zur Arbeitsbeschaffung für Arbeitslose.

1941

Cage wird von Moholy-Nagy als Professor für experimentelle Musik an die Chicago School of Design berufen. Zugleich Begleiter der Tanzklasse von Katherine Manning.
Realisiert im Auftrag der CBS (»Columbia Workshop«) zusammen mit Kenneth Patchen eine Radio-Show »The City wears a Slouch Hat« (»Die Stadt trägt einen Schlapphut«): eine 250-seitige Partitur aus Klangeffekten, welche die tatsächlichen Geräusche einer Stadt nachahmen.

1942

Cage zieht nach New York. Er wohnt dort zuerst bei Max Ernst und Peggy Guggenheim, wo er Piet Mondrian, André Breton, Virgil Thomson und Marcel Duchamp kennenlernt, dann bei Jean Erdman, wo er seinen späteren Lebensgefährten Merce Cunningham zum ersten Mal trifft.

1943

Konzert im Museum of Modern Art (7. Februar) – das erste in der Reihe von Cages New Yorker Konzerten und Vorträgen, die seinen Ruhm (zunächst nur in Avantgarde-Kreisen) zu begründen beginnen.

1945

Umzug in die Lower East Side von New York.

1946–47

Studium der indischen Philosophie bei Gita Sarabhai und des Zen-Buddhismus bei Daisetz T. Suzuki an der Columbia University.
Cage ist nunmehr ständiger Begleiter und wird alsbald musikalischer Leiter der Merce Cunningham Dance Company, der Ballett-Truppe seines Freundes.

1948

Lehrtätigkeit am Black Mountain College in North Carolina. Cage organisiert dort ein Satie-Festival und hält eine Rede über Beethoven, die einen ungeheuren Skandal bewirkt.

1949

Preis der Academy of Art and Letters (1.000 Dollar) für »die Erweiterung der Grenzen der musikalischen Kunst durch das präparierte Klavier«, Stipendium der Guggenheim-Stiftung (2.400 Dollar). Er verwendet das Geld, um mit Merce Cunningham eine Europa-Tournée zu unternehmen.
Er lernt in Paris Serge Nigg und Pierre Boulez kennen. Fortsetzung seiner Studien über Satie.

1950

Rückkehr in die Vereinigten Staaten. Beginn der Arbeit mit Zufallsoperationen und der Benutzung des I-Ging für kompositorische Zwecke.
Mitherausgeber der Zeitschrift »Possibilities«, die über ihre erste Nummer nicht hinauskommt. Mitarbeit im Artists Club von Robert Motherwell.

1951

Erster Preis beim Film-Festival in Woodstock für die Musik zu Herbert Matters Film »Works of Calder«.

1952

Cage erhält von Lou Harrison erneut einen Lehrauftrag am Black Mountain College. Dort erste Begegnung mit Robert Rauschenberg und *erstes Happening der Geschichte* in Zusammenarbeit mit Tudor, Richards, Olson, Rauschenberg und Cunningham.
Zahlreiche Tournéen mit der Merce Cunningham Dance Company.

1954

Cage verläßt New York und zieht mit David Tudor, Mary Caroline Richards und David und Karen Weinrib in eine von Paul Williams und seiner Frau Vera gegrün-

dete anarchistisch-pazifistische Kooperative auf dem Lande: Stony Point in Rockland County.
Konzerttournée mit David Tudor: Donaueschingen, Köln, Paris, Brüssel, Stockholm, Zürich, Mailand, London.

1956–58

Professur an der New School of Social Research in New York. Unter seinen Schülern: George Brecht, Al Hansen, Dick Higgins, Scott Hyde, Toshi Ichiyanagi, Allan Kaprow, Jackson MacLow.

1958

Am 15. Mai findet in der Town Hall von New York ein von Cages Freunden organisiertes Konzert statt: eine Retrospektive über 25 Jahre seines Komponierens. Hauptereignis ist die Uraufführung des »Concert for Piano and Orchestra«, das einen der größten Skandale der Musikgeschichte auslöst.
Im Sommer als Dozent bei den Internationalen Ferienkursen für Neue Musik in Darmstadt. Bekanntschaft mit Hans G Helms und H.-K. Metzger, die seine Vorlesungen und Seminare übersetzen.
Konzerte in Köln (Westdeutscher Rundfunk), Stockholm (Königliche Oper) und Düsseldorf (in Jean-Pierre Wilhelms Galerie 22).
Vortrag bei der Brüsseler Weltausstellung: »Indeterminacy, New Aspect of Form in Instrumental and Electronic Music«.

1958–59

Mailand: arbeitet vier Monate an der elektronischen Realisation seines »Fontana Mix« im Studio di Fonologia della Radio-Televisione Italiana. Konzertiert zusammen mit Luciano Berio, Sylvano Bussotti, Teresa Rampazzi und H.-K. Metzger in zahlreichen italienischen Städten.
Läßt sich in fünf Folgen des italienischen Fernsehquiz »Lascia o raddoppia« (»Alles oder nichts«) über Pilze befragen und hält bis zum Schluß durch: er gewinnt 6 Millionen Lire und verwendet das Geld dafür, der Merce Cunningham Dance Company einen Autobus zu kaufen.

1959–60

Drei Kurse an der New School for Social Research in New York über: 1. Pilzbestimmung; 2. Musik von Virgil Thomson; 3. Experimentelles Komponieren.

1960–61

Mitglied des Center for Advanced Studies der Wesleyan University in Middletown (Connecticut), die die Erstausgabe seines Buches »Silence« veranstaltet.
Auftrag der Montreal Festivals Society, ein Werk für großes Orchester zu komponieren (es wurde »Atlas Eclipticalis«).

1962

Gründung der New Yorker Pilzforschenden Gesellschaft zusammen mit Lois Long, Esther Dam, Guy G. Nearing und Ralph Ferrara. Im Herbst sechswöchige Konzerttournée durch Japan zusammen mit David Tudor.

1963

Im Frühjahr erregt ein Konzert, das er in Zagreb gibt, erneut Skandal. Im Pocket Theatre spielt und leitet er die erste vollständige Aufführung – Dauer: 18 Stunden und 40 Minuten – der »Vexations« von Erik Satie: diese Komposition besteht aus der 840-maligen Wiederholung desselben Stücks.

1964

Von den Reaktionen erschreckt, die die Verwendung immer lauterer Klänge in seinen letzten Werken hervorruft, befragt Cage das I-Ging, ob er so fortfahren solle. Das Orakel bescheidet ihn: ja; er möge auf diese Weise »Freude und Umsturz« verbreiten.
Welttournée mit der Merce Cunningham Dance Company.

1965

Präsident der Cunningham Dance Foundation und Direktor der Foundation for Contemporary Performing Arts.

1966

»Museum Event« mit David Tudor, Gordon Mumma und der Merce Cunningham Dance Company im Hof und auf den Dächern der Fondation Maeght in Saint-Paul-de-Vence.

1967

»Composer in residence« an der University of Cincinnati, Mitglied des Center for Advanced Study an der University of Illinois.

1968

Wahl zum Mitglied des National Institute of Arts and Letters.

1969

Tod seiner Mutter.
»Artist in residence« an der University of California in Davis.

1970

Gegen Jahresende gründliche Aussprachen mit Daniel Charles, die das Material abgeben, das dieser 1976 unter dem Titel »Pour les Oiseaux« ediert.

1971

Erster Auftritt bei den Wittener Tagen für Neue Musik. Umzug von Stony Point nach Manhattan.

1972

Hans G Helms produziert für den WDR seinen Film »Bird Cage – 73'20'958" for a Composer«.
Große Europa-Tournée, zuerst mit David Tudor (Simultanaufführungen von »Mesostics re Merce Cunningham oder Mureau« mit elektronischen Werken Tudors), dann mit Merce Cunningham.

1973

Konzeptioneller Beginn von »Empty Words«: Henry David Thoreaus Tagebücher – circa 2 Millionen Worte – werden vier verschiedenen Reihen von Zufallsoperationen unterworfen, um eine »entmilitarisierte Sprache« (H. R. Zeller) zu gewinnen.
Richard Bunger publiziert »The Well-Prepared Piano«, eine systematische technische Abhandlung über Klavierpräparationenam Leitfaden der einschlägigen Werke Cages.

1974

Beginn der Arbeit an zyklischen Solo-Etüdenwerken (»Études australes« für die Pianistin Grete Sultan).

1975

Erste Verwendung von Pflanzenmaterialien (»Child of Tree«).

1976

200 Jahre Vereinigte Staaten von Amerika.

1977

Yoko Ono empfiehlt ihm Shizuko Yamamoto, um sein Gelenkleiden zu behandeln. Beginn der makrobiotischen Diät, die ihm nach wenigen Monaten Heilung bringt.
Ausstellung der *Renga*-Partitur im Museum of Modern Art zu New York.

1978

Wird zum Mitglied der American Academy of Arts and Sciences gewählt.
Erste Komposition für einen Eisenbahnzug: »Il Treno«, Variationen über ein Thema von Tito Gotti (zusammen mit Walter Marchetti und Juan Hidalgo) im Auftrag des Teatro Comunale zu Bologna.

1979

Erstes Hörspiel: »Roaratorio, an Irish Circus on Finnegans Wake« im Auftrag des WDR (Redaktion: Klaus Schöning). Das Werk wird in Donaueschingen mit dem Karl-Sczuka-Preis ausgezeichnet.
Josef Anton Riedl organisiert ein Cage-Festival in Bonn (erste vollständige Aufführung von »Empty Words«, 6. Juni 19.21 Uhr bis 7. Juni 6.51 Uhr). Hans Rudolf Zeller stellt zu diesem Anlaß den Band »Cage Box« zusammen.

1980

Teilnahme am Symposion »Word of Mouth« auf der Südseeinsel Ponape.
»Regent's Lecturer« an der University of California in San Diego.

1981

Bei den Rencontres Internationales de Musique Contemporaine in Metz (Uraufführung der »Thirty Pieces for Five Orchestras«, eines Auftragswerks des

Orchestre Philharmonique de Lorraine und der Gulbenkian-Stiftung Lissabon, in der Prämonstratenserabtei zu Pont-à-Mousson).
Tournée mit der Cunningham Dance Company (Lissabon, Lausanne, London). Begleitet anschließend Teeny Duchamp nach Japan zur Eröffnung der Duchamp-Ausstellung.

1982

Aus Anlaß seines 70. Geburtstages findet im Symphony Space zu New York ein vierzehnstündiges Konzert »John Cage and Friends« statt. Das Plakat entwirft Robert Rauschenberg. Zum ersten Mal seit einem Vierteljahrhundert befinden sich Cage, Feldman, Brown und Wolff wieder gleichzeitig im selben Raum.
In Paris wird Cage vom französischen Minister für kulturelle Angelegenheiten zum »Commendeur de l'Ordre des Arts et des Lettres« ernannt.
Frank Scheffer dreht ein Video »Imaginary Conversations« mit John Cage und Eliott Carter. Peter Greenaway produziert für die BBC den Film »John Cage. A Music Circus«.
Ausstellungen mit Partituren und graphischen Arbeiten Cages werden im Whitney Museum zu New York, im Philadelphia Museum of Art und in der Albright-Knox Gallery zu Buffalo gezeigt. Die Crown Point Press organisiert in San Francisco eine Ausstellung des gesamten graphischen Werks.
Cage nimmt an den Wittener Tagen für Neue Musik, dem von Stefan Schädler organisierten Festival des Theaters am Turm zu Frankfurt, den Tagen Pro Musica Nova in Bremen (wo er im Auftrag vn Hans Otte »A House full of Music« – einen Amateur-Musikzirkus mit 800 Schulkindern – organisiert), dem 10. Festival für Neue Musik in Tokio, dem New Music America Festival in Chicago sowie an Konzerten teil, die ihm zu Ehren im Walker Art Center zu Minneapolis und im American Center zu Paris gegeben werden.
Er zieht den Schluß, daß er seinen Erfolg nicht seinen Werken, sondern seinem Alter zu verdanken habe.

1983

Dozent bei der Internationalen Sommerakademie für zeitgenössische Musik in Viitasaara (Finnland). Wird mit dem »Notable Achievement Award« der Brandeis University ausgezeichnet und in die »Percussive Arts Society Hall of Fame« (»Ruhmeshalle der Gesellschaft für Schlagende Künste«) zu New York aufgenommen.

1984

Beginn der Experimente mit dem IBM Personal Computer (unter Assistenz von Andrew Culver und Jim Rosenberg).

1985

Präsentation von Zeichnungen und Partituren in der Ausstellung »Raum Zeit Stille« des Kölnischen Kunstvereins (März bis Juni). Führt in der Kölner Kirche St. Georg »MUSHROOMS et Variationes« auf. Bei dieser Gelegenheit schlagen ihm H.-K. Metzger und R. Riehn in ihrer Eigenschaft als künftige Chefdramaturgen der Oper Frankfurt vor, eine Oper zu schreiben. Beginn der Arbeit an »Europeras 1 & 2«.

1986

Wird vom California Institute of the Arts zum Ehrendoktor der Darstellenden Künste ernannt.

1987

Der WDR führt unter dem Titel »NACHTCAGETAG« eine vierundzwanzigstündige Nonstop-Veranstaltung »für und mit John Cage« durch (Redakteure: Wolfgang Becker-Carstens und Klaus Schöning).
Die Uraufführung von »Europeras 1 & 2« in der Oper Frankfurt ist für den 15. November vorgesehen. In der Nacht vom 11. zum 12. November zündet ein Brandstifter das Bühnenhaus der Oper an, es brennt aus. Cages Werk wird an die Verhältnisse und Gegebenheiten der Bühne des Schauspiels Frankfurt adaptiert, die Uraufführung am 12. Dezember auf der Schauspielbühne nachgeholt.
Die 1986 von Rita Jans inaugurierten Tage für Neue Musik Weingarten widmen 1987 ihr gesamtes Programm Cage, der eigens eine »Weingartener Fassung« des IV. Teils seiner »Empty Words« erstellt und dort vorträgt. Sein Urteil über das Ambiente: »It's more civilized than Francfort.«
Zum Charles Eliot Norton Professor für Poetik an der Harvard University für das akademische Jahr 1988–89 ernannt.

1988

Reise nach Leningrad und Moskau.
Produktion des Tonfilms »Chessfilmnoise« mit Frank Scheffer in Middelburg, Niederlande. Das optische und akustische Material ist durch Zufallsoperationen aus Aufnahmen einer Schachpartie zwischen Stephen Lowy und Cage gewonnen. Es geht dem Werk darum, »Produktionsmöglichkeiten der Filmindustrie anarchistisch zu erproben.«
Die Oper Frankfurt gastiert mit »Europeras 1 & 2« beim International Performing Arts Festival of the State University of New York at Purchase.
Harvard-Vorlesungen, erster Zyklus.
Drei Wochen Workshop mit Konzerten am Königlichen Konservatorium zu Den Haag.

1989

Harvard-Vorlesungen, zweiter Zyklus.
Musikpreis der Stadt Kioto (diese Auszeichnung wird nur alle vier Jahre vergeben, Cages einziger Vorgänger war Olivier Messiaen).

KOMPONISTEN DER GEGENWART

Hanns-Werner Heister /
Walter-Wolfgang Sparrer
(Herausgeber)

**KOMPONISTEN
DER GEGENWART**

Loseblatt-Lexikon
z.Zt. etwa 2.100 Seiten in
zwei Ordnern, DM 170,--
öS 1.326,-- / sfr 170,--

KOMPONISTEN DER
GEGENWART ist das einzige
Lexikon in Loseblattform, das
über alle wichtigen Komponisten des 20. Jahrhunderts
ausführlich und aktuell informiert.
Das Werk enthält bereits
Erstinformationen zu etwa
450 Komponisten. Biographie
und ein knapper Werküberblick bieten eine ideale Möglichkeit, sich in konzentrierter
Form über Komponisten der
Gegenwart zu informieren.
Diese werden später ergänzt
durch ausführliche Artikel, in
denen die Werke jedes Komponisten, ihre Ästhetik und
ihre Kompositionstechnik
dargestellt werden. Eine
Notentafel, ein vollständiges
Werkverzeichnis, Auswahldiskographie und Auswahlbibliographie eröffnen die Möglichkeit zur intensiven Beschäftigung mit dem einzelnen
Komponisten.

»Es gehört nicht viel zu der
Prognose, daß das KDG zum
unverzichtbaren Standardwerk für jeden avancieren
wird, dem die Musik des Jahrhunderts am Herzen liegt.«
(Rainer Pöllmann,
Berliner Zeitung)

»Der Gedanke, ein Lexikon
der Komponisten der Gegenwart zu erabeiten, kann nicht
genug gerühmt werden. Die
Ausführung erstaunt durch
die Internationalität der Auswahl und durch die Konzentration der meisten Beiträge
auf Wesentliches. Ein großer
Wurf.«
(Prof. Dr. Wolfgang Burde,
NMZ)

»Soviel steht fest: An diesem
singulären Nachschlagewerk
kommt keiner vorbei, der sich
mit Musik auseinandersetzt,
ob privat oder beruflich.«
(Volkmar Fischer,
Bayerischer Rundfunk)

»Jetzt bereits läßt sich sagen,
daß dieses Nachschlagewerk
für jeden unentbehrlich ist,
der sich professionell mit der
zeitgenössischen Musik befaßt, und hilfreich ist für alle
an der gegenwärtigen Musik,
ihrer Herkunft und Entwicklung Interessierten.«
(Matthias Roth,
Rhein-Neckar-Zeitung)

»Ohne daß Ausgrenzungen
gemacht werden, entsteht
hier ein Handbuch, das durch
Umfang, Anspruch, Ausführlichkeit, Kompetenz und Verständlichkeit ein unverzichtbares Lese- und Nachschlage-Werk zu werden verspricht.«
(Reinhard J. Brembeck,
Fono Forum)

**edition text + kritik
Levelingstraße 6 a
81673 München**

Musik-Konzepte 1/2 — Claude Debussy
Musik-Konzepte 3 — Mozart: Ist die Zauberflöte ein Machwerk?
Musik-Konzepte 4 — Alban Berg: Kammermusik I
Musik-Konzepte 5 — Richard Wagner: Wie antisemitisch darf ein Künstler sein?
Musik-Konzepte 6 — Edgard Varèse: Rückblick auf die Zukunft

Musik-Konzepte Sonderband — John Cage I
Musik-Konzepte 7 — Leoš Janáček
Musik-Konzepte 8 — Beethoven: Das Problem der Interpretation
Musik-Konzepte 9 — Alban Berg: Kammermusik II
Musik-Konzepte 10 — Giuseppe Verdi

Musik-Konzepte Sonderband — Franz Schubert
Musik-Konzepte 11 — Erik Satie
Musik-Konzepte 12 — Franz Liszt
Musik-Konzepte 13 — Jacques Offenbach
Musik-Konzepte 14/15 — Felix Mendelssohn Bartholdy

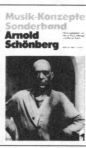

Musik-Konzepte 16 — Dieter Schnebel
Musik-Konzepte Sonderband — Arnold Schönberg
Musik-Konzepte 17/18 — Johann Sebastian Bach: Das spekulative Spätwerk
Musik-Konzepte 19 — Karlheinz Stockhausen …wie die Zeit verging…
Musik-Konzepte 20 — Luigi Nono

Musik-Konzepte 21 — Modest Musorgskij: Aspekte des Opernwerks
Musik-Konzepte 22 — Béla Bartók
Musik-Konzepte Sonderband — Robert Schumann I
Musik-Konzepte 23/24 — Anton Bruckner
Musik-Konzepte 25 — Richard Wagner: Parsifal